COMO TOCAR
LA GUITARRA

Un nuevo libro para todos los interesados en la guitarra

Roger Evans

Revisado por D. JOAQUIN FERNANDEZ PICON

Profesor de Música

Título del original inglés:
HOW TO PLAY GUITAR

© De la traducción: Rafael Lassaletta
© 1979. By Roger Evans
© 1980. De esta edición, Editorial EDAF, S. A., para la edición en español por acuerdo con
Hamish Hamilton Ltd. Londres (Inglaterra)

Editorial EDAF, S. A.
Jorge Juan, 30. 28001 Madrid
http://www.edaf.net
edaf@edaf.net

Edaf y Morales, S. A.
Oriente, 180, n.º 279. Colonia Moctezuma, 2da. Sec.
C.P. 15530 México, D.F.
http://www.edaf-y-morales.com.mx
edafmorales@edaf.net

Edaf del Plata, S. A.
Chile, 2222
1227 Buenos Aires (Argentina)
edafdelplata@edaf.net

Edaf Antillas, Inc.
Av. J. T. Piñero, 1594 - Caparra Terrace (00921-1413)
San Juan, Puerto Rico
edafantillas@edaf.net

Edaf Chile, S. A.
Huérfanos, 1178 - Of. 506
Santiago - Chile
edafchile@edaf.net

6.ª edición, diciembre 2005

Depósito Legal: M. 48.442-2005
ISBN.: 84-414-1482-3

PRINTED IN SPAIN   IMPRESO EN ESPAÑA
Anzos, S. L. - Fuenlabrada (Madrid)

COMO TOCAR
LA GUITARRA

EDAF

MADRID - MÉXICO - BUENOS AIRES - SAN JUAN - SANTIAGO

En la notación musical internacional, las siete notas de la escala son cada día más representadas por las siete primeras letras del alfabeto, notación que hemos adoptado en la creencia que facilitará el aprendizaje.

Para mayor claridad, damos a continuación las equivalencias entre letras y notas:

A	significa	La
B	—	Si
C	—	Do
D	—	Re
E	—	Mi
F	—	Fa
G	—	Sol

Contenido

Introducción

Este nuevo libro está dedicado a todos los que tengan interés en tocar la guitarra: tanto para el que empieza ahora como para el que ya la toca.

Para los principiantes, todo está explicado por etapas simples y fáciles de entender, de modo que pueda empezar a tocar la música de su elección: pop, folk, country, rock, blues, jazz, clásica, y otros estilos. Este libro le enseña a tocar incluso si es usted zurdo. No necesita tener conocimientos de música o guitarra para empezar a tocar inmediatamente y entretenerse haciéndolo.

Para los que ya saben tocar, hay numerosas sugerencias y «trucos» que normalmente sólo son conocidos por los músicos profesionales con muchos años de experiencia. Se explican de modo simple las técnicas de los diversos estilos para ayudarle a ser un guitarrista mejor y gozar más tocando la guitarra.

La rapidez del aprendizaje depende sólo de usted. Con este libro puede aprender a la velocidad que usted se marque, o utilizarlo simultáneamente con lecciones de guitarra. No hay ejercicios tediosos, sino entretenidas piezas musicales, por lo que aprender resulta divertido.

Lea unas cuantas páginas cada vez y asegúrese de que lo entiende todo antes de continuar. No se salte páginas ni vaya de atrás para adelante, pues puede perderse cosas importantes.

Siga cuidadosamente cada instrucción. La guitarra es un instrumento sencillo si se toma el tiempo de hacerlo todo correctamente desde el principio. De ese modo evitará el adoptar malos hábitos que pueden limitar su ejecución en etapas posteriores. Descubrirá que para tocar la guitarra el modo correcto no es sólo el mejor, sino también el más fácil a la larga.

Este libro es el resultado de muchos años de tocar y enseñar guitarra. Espero que el beneficio de mi experiencia le produzca un gran placer y satisfacción en la interpretación de la música. Que se divierta.

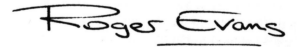

La guitarra

La guitarra es uno de los instrumentos más populares de todas las épocas. Produce un sonido muy agradable, es lo bastante pequeña y ligera para llevarla a todas partes y tiene un atractivo romántico.

La guitarra es muy amplia. Puede tocarse sola o en un grupo o banda. Su timbre sirve de complemento a la voz y acompaña totalmente al canto. Tiene una amplia gama de notas y hace muy bien de instrumento solista. Es un instrumento muy satisfactorio y entretenido para que toque el principiante o el experto.

Las guitarras pueden tener las cuerdas de nailon o de metal. Cada tipo de cuerdas tiene su propio sonido y carácter, que puede convenir a los diferentes tipos de música y a los diferentes estilos de tocar.

Las cuerdas de nailon tienen un timbre más dulce y son más fáciles para los dedos que las de metal. Las cuerdas 1.ª, 2.ª y 3.ª (las más delgadas) suelen ser una sola hebra de nailon. Las más gruesas, las 4.ª, 5.ª y 6.ª, son de nailon envueltas en hilo de cobre plateado o bronceado.

Las de metal dan un sonido más brillante y alto. Aunque son un poco más duras para los dedos que las de nailon, se acostumbrará pronto a ellas. Las más delgadas, la 1.ª y la 2.ª, suelen ser de acero chapado en níquel. Las más gruesas, 3.ª, 4.ª, 5.ª y 6.ª, están envueltas en alambre.

Las guitarras para cuerdas de acero y para cuerdas de nailon pueden parecer muy similares, pero su factura es muy diversa; las guitarras de cuerdas de acero son más fuertes para que puedan soportar la tensión extra de este tipo de cuerdas. Por ese motivo, no debe ponerse nunca cuerdas de acero en una guitarra que esté hecha para cuerdas de nailon, pues el instrumento podría quedar gravemente dañado. Tampoco deben ponerse cuerdas de nailon en una guitarra hecha para cuerdas de acero, pues el sonido será apagado y las cuerdas pueden producir un zumbido. Si tiene alguna duda con respecto a qué cuerdas son las que convienen a una guitarra determinada, pida consejo en su tienda de música.

La elección de una guitarra de cuerdas de nailon o acero dependerá del sonido que prefiera y del tipo de música que quiera tocar. En las páginas siguientes encontrará algunas sugerencias que le ayudarán a elegir y comprar la guitarra que le conviene. Si tiene ya una guitarra, lea esas páginas para aprender más acerca de su instrumento. SI ES USTED ZURDO, PASE A LA PÁGINA 124.

Aprenda los nombres de las diferentes partes de la guitarra (puede verlos en la página siguiente) para entender las instrucciones que vienen a continuación.

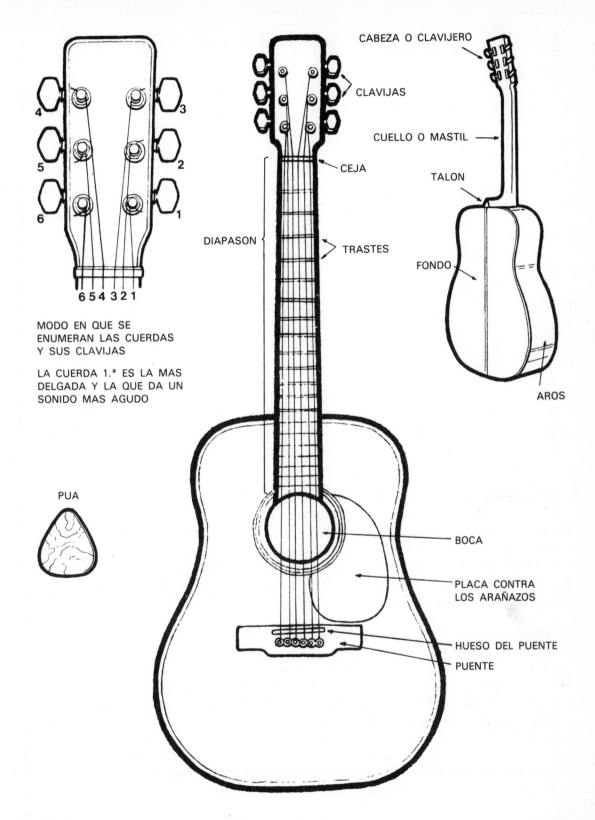

CABEZA O CLAVIJERO

CLAVIJAS

CEJA

CUELLO O MASTIL

TALON

DIAPASON

TRASTES

FONDO

AROS

4
3
5
2
6
1

6 5 4 3 2 1

MODO EN QUE SE
ENUMERAN LAS CUERDAS
Y SUS CLAVIJAS

LA CUERDA 1.ª ES LA MAS
DELGADA Y LA QUE DA UN
SONIDO MAS AGUDO

PUA

BOCA

PLACA CONTRA
LOS ARAÑAZOS

HUESO DEL PUENTE

PUENTE

9

¿Cuál es la guitarra adecuada para usted?

GUITARRA CLASICA
(CUERDAS DE NAILON)

GUITARRA ACUSTICA
O SAJONA
(CUERDAS DE ACERO)

GUITARRA CLASICA Y GUITARRA DE FLAMENCO

Estos instrumentos, que se conocen también con el nombre de guitarra española, son adecuados para tocar solos de estilo «clásico», para la música de flamenco (española) y para acompañar el canto. Las cuerdas de nailon se pellizcan o golpean con el pulgar o los dedos de la mano derecha; con estas guitarras no debe utilizarse púa. La guitarra de flamenco es similar a la clásica, pero tiene placas para proteger de los golpes la tapa delantera de la guitarra.

GUITARRA ACUSTICA DE CUERDAS DE ACERO

Estos magníficos instrumentos, que sirven para casi todo, se utilizan para los tipos de guitarra más populares, salvo la «clásica» y el flamenco. Pueden tocarse con los dedos o con púa. Son adecuados para acompañar el canto, para llevar el ritmo y para tocar como instrumento solista. A estas guitarras pueden añadírseles pastillas para tocar con un amplificador. La guitarra acústica denominada «Jumbo» tiene un cuerpo especialmente grande que le proporciona un sonido profundo de bajo.

La guitarra de 12 cuerdas es similar a la «Jumbo», pero es un instrumento más especializado que no resulta recomendable para los principiantes.

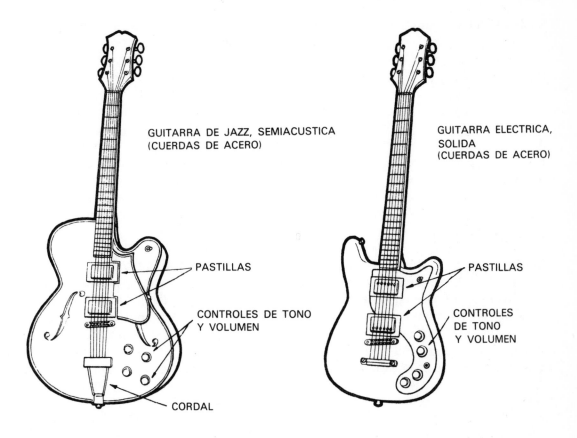

GUITARRA DE JAZZ, SEMIACUSTICA
(CUERDAS DE ACERO)

GUITARRA ELECTRICA,
SOLIDA
(CUERDAS DE ACERO)

PASTILLAS

PASTILLAS

CONTROLES DE TONO
Y VOLUMEN

CONTROLES
DE TONO
Y VOLUMEN

CORDAL

GUITARRA DE JAZZ

Estas esbeltas guitarras producen un sonido «acústico» (sin amplificación) suficiente para practicar, pero han de tocarse con un amplificador. Son más ligeras que las sólidas y, cuando se amplifican, suelen tener un timbre mejor.

Las guitarras «Cello» son similares, pero tienen un cuerpo más ancho. Se tocan con o sin amplificador y producen un sonido rítmico «potente».

GUITARRAS ELECTRICAS SOLIDAS

Las guitarras sólidas sólo se tocan con amplificador, pues carecen de sonido «acústico». Se hacen de diversas formas y estilos.

Las guitarras eléctricas semiacústicas y sólidas tienen unos «mecanismos» sencillos y son ideales para la ejecución «eléctrica» rápida: jazz, rock, pop, etc. Sin embargo, no resultan recomendables para principiantes porque son caras, necesitan un amplificador y tienen unos diapasones estrechos que al principio limitan la ejecución.

Estas guitarras suelen tocarse con púa.

Cómo elegir y comprar su guitarra

La elección del instrumento con el que va a tocar es siempre una decisión importante. La decisión es más difícil si va a comprar la primera guitarra, porque es posible que no sepa dónde empezar o qué buscar. Por tanto, antes de hacer nada, lea estas amigables palabras de consejo.

En primer lugar, hay que olvidar la creencia popular, pero completamente equivocada, de que «para aprender vale cualquier guitarra». Debe elegir cuidadosamente su primera guitarra para asegurarse de que sea fácil de tocar y afinar. Debe ser también lo bastante amplia, para que pueda interpretar con ella los diferentes tipos de música. Por este motivo, y para evitar las complicaciones y gastos de un amplificador, son recomendables las guitarras «acústicas» (no amplificadas). Como primera guitarra, son especialmente buenas la guitarra clásica de cuerdas de nailon o la guitarra sajona o acústica (ver página 10).

Si tiene ya una guitarra y quiere saber si es conveniente para aprender a tocar, póngala a prueba según las explicaciones de estas páginas. Una guitarra vieja necesita unas comprobaciones muy rigurosas. Los instrumentos viejos pueden ser muy buenos... o muy malos. La guitarra antigua que ha estado dando vueltas por la casa durante muchos años puede tener tantas cosas erróneas que resulte casi imposible tocar con ella y no merezca la pena repararla. Si es ése el caso, o si la guitarra no es del tipo adecuado para la música que quiere usted interpretar, deberá buscar otro instrumento. Si su guitarra parece satisfactoria, pregunte a un amigo que toque la guitarra o en su tienda de instrumentos musicales antes de que comience a tocar.

¿CUERDAS DE ACERO O DE NAILON? Elija el tipo de guitarra que más convenga a la música que quiera tocar y al sonido que desea. No compre un instrumento con cuerdas de nailon simplemente porque esas cuerdas parecen más fáciles para los dedos. Si piensa que al cabo del tiempo deseará tocar en un grupo o banda, probablemente será mejor que elija un instrumento de cuerdas de acero y compre una guitarra sajona o acústica. Si se inclina por la música «clásica» o el flamenco, deberá elegir un instrumento de cuerdas de nailon. Los dos tipos de guitarra son convenientes para acompañar el canto. Si es eso lo que quiere, elija la guitarra con el sonido que desea.

VAYA A VER ESCAPARATES. Antes de decidir nada vaya a ver escaparates para saber lo que hay y hacerse una idea de los precios. Los mejores lugares para mirar son las tiendas especializadas en guitarras o los almacenes musicales con una buena selección de guitarras de precios diferentes. Trate de encontrar tiendas en donde alguien del personal toque la guitarra, para que pueda obtener ayuda y consejos de un experto. Busque las tiendas de música y guitarra en las «Páginas Amarillas» del listín de teléfonos o en las revistas de música.

Visite las tiendas de música en los días laborales, si le es posible, pues es cuando con más probabilidad puedan prestarle mayor atención. Si el personal no está muy ocupado, pida que le hagan una demostración de las guitarras de la gama de precios que pueda pagar. Si aún no se ha decidido por instrumento de cuerdas de nailon o acero, pida que le toquen una de cada tipo. Sin embargo, no debe apresurarse a comprar antes de haber visitado varias tiendas y haber comparado el mayor número posible de guitarras.

PRECIO. Su primera guitarra no tiene por qué ser cara, pero tampoco ha de ser la más barata del mercado. Las guitarras muy baratas no suelen tener un gran valor ni satisfacer durante demasiado tiempo. Por un poco más de dinero puede comprar guitarras mucho mejores que sean convenientes para aprender y para seguir tocando con ellas mucho tiempo.

GUITARRAS DE SEGUNDA MANO. Pueden ser una compra excelente... si encuentra una buena. Sin embargo, a menos que sea un experto, no es aconsejable comprar una guitarra a nadie que no sea un tratante famoso de instrumentos musicales. Quizá vea «gangas» anunciadas en los periódicos, o quizá conozca a alguien que venda una guitarra a un precio que parezca aceptable, pero pueden resultar muy malas si no sabe mucho de guitarras. Si piensa comprar una de segunda mano, cuide de comprobar que todo está en buenas condiciones y, si es posible, pregunte su opinión a un guitarrista experimentado.

TAMAÑO Y PESO. Evite las guitarras acústicas pesadas. Como norma general. Cuanta más madera tenga una guitarra acústica más pobre será, probablemente, su volumen y timbre. Antes de decidir, compare el peso de varias guitarras del mismo tamaño. (Si va a comprar una guitarra con cuerdas de nailon, compare varias guitarras de ese tipo.) La guitarra más ligera suele ser la mejor.

Las guitarras con cuerdas de acero son más pesadas que las que las tienen de nailon, pero ese hecho queda compensado por su método de construcción y el mayor volumen de sonido que dan las cuerdas. Por regla general, las guitarras de cuerdas de acero de cuerpo más pequeño son una compra mejor dentro de la gama de precios más bajos. Las guitarras grandes, como la «Jumbo», tienen que estar diseñadas con mucho cuidado y tener muy buena construcción para que suenen bien, lo que las hace mucho más caras. Si desea comprar una «Jumbo», compare el sonido y peso de varias.

El peso y tamaño de las guitarras eléctricas sólidas y semiacústicas (de jazz) depende del número de pastillas y el tipo de diseño. No afecta al sonido, pero un instrumento muy pesado puede cansar mientras se toca y ser una carga difícil de transportar.

Por favor, tenga en cuenta que las guitarras de tamaño $^3/_4$ son sólo para niños pequeños. No resultan recomendables para los adultos ni para quien pase de diez u once años.

¿QUE VOLUMEN? Compare el volumen y timbre de las guitarras acústicas del mismo tipo. Cuando dos guitarras tienen una cualidad de timbre similar y son más o menos iguales en otros aspectos, lo normal es que la que suene más alto sea el mejor instrumento.

APARIENCIA. No elija una guitarra simplemente por su apariencia. Es mucho más importante cómo suena y cómo se toca con ella. La decoración no mejora una guitarra, pero la hace más cara. De hecho, demasiada decoración de «plástico» en la tapa delantera de una guitarra acústica puede echar a perder el timbre y reducir el volumen.

DIAPASON Y CUELLO. La guitarra «clásica» normal tiene un diapasón plano de unos 50 mm. de anchura en la «ceja». Este es conveniente para todas las manos adultas de tamaño normal. En las guitarras de cuerdas de acero los diapasones son más estrechos y ligeramente curvos. Sin embargo, para tocar estilos diversos, el diapasón debe tener 45 mm. de anchura en la ceja y ser plano o muy ligeramente curvo. Evite los diapasones muy estrechos si sus dedos son grandes. No se recomiendan las guitarras con cuellos indebidamente anchos, especialmente si sus manos son pequeñas.

Estos puntos generales le ayudarán a elegir la guitarra. Cuando vaya a comprar el instrumento, trate de que le acompañe un guitarrista experimentado o un profesor de guitarra. Si aún no sabe tocar, pida que le afinen y toquen la elegida. Desconfíe si alguna de esas cosas resulta difícil, pues usted podría tener el mismo problema. A continuación se incluye una breve lista de otros puntos a comprobar. Lleve el libro cuando vaya a la tienda o hágase su propia «Lista de Comprobaciones».

ANTES DE COMPRAR

1. Compruebe que el diapasón es recto y los trastes tienen todos la misma altura poniendo un borde recto sobre los trastes a lo largo del diapasón. Compruebe el puente y el cuello de la guitarra para saber si están torcidos.

2. Compruebe que las cuerdas tienen la altura correcta encima del diapasón. En la «ceja» las cuerdas deben tener una altura de 1,5 mm., y unos 3 mm. en el traste 12.º Si las cuerdas están demasiado altas, la guitarra resultará demasiado dura para tocar. Si están demasiado bajas producirán un zumbido sobre los trastes.

3. Toque todas las notas pulsando cada cuerda detrás de todos los trastes con un dedo de la mano izquierda mientras pulsa la cuerda con el pulgar derecho: todas las notas deben sonar con claridad. Cualquier ruido o zumbido significa que la guitarra puede tener problemas.

4. En las guitarras de segunda mano, compruebe si hay trastes rotos, especialmente del traste 1.º al 5.º bajo las cuerdas 1.ª, 2.ª y 3.ª. Es normal que estén algo gastados, pero las depresiones demasiado profundas en los trastes significan que la guitarra puede ser imprecisa, difícil de tocar y afinar, y que puede producir zumbidos si no se arregla.

5. Asegúrese de que la guitarra tiene puestas las seis cuerdas. Compruebe todos los clavijeros girándolos un poco para ver si ajusta en ellos la cuerda correspondiente. Compruebe que cada cuerda está metida en la dirección correcta en el clavijero. (Vea los dibujos de las páginas 9 y 118.) Si alguna posición es incorrecta, pida que se la cambien y vuelvan a afinar la guitarra. Si alguna de las cuerdas parece vieja o gastada, pida que le pongan un juego nuevo y vuelvan a afinar la guitarra.

6. Examine la tapa delantera, el puente, los aros, la cabeza, el cuello y el talón por si hay grietas o rajas. En las guitarras «clásicas» y en las sajonas o acústicas no debe haber ningún vacío donde el puente está encolado a la tapa delantera de la guitarra. Si está gravemente dentada o parece como si se hubiera caído y ha sido mal reparada, el riesgo es muy grande.

7. Si compra una guitarra eléctrica, una guitarra con pastillas o un amplificador, lea los consejos de la página 113.

Si algo está gravemente dañado no compre la guitarra, al menos hasta que haya sido corregido o reparado. En la mayoría de los casos, lo mejor que puede hacer es buscar otro instrumento, aunque ello pueda retrasar el momento de poseer una guitarra. «Lo que se compra con prisa se lamenta rápidamente» es especialmente cierto por lo que se refiere a instrumentos musicales.

Cuando compre la guitarra pida que le hagan un recibo completo y guárdelo bien, pues puede necesitarlo para asegurarla, o en las aduanas si viaja con ella.

Al mismo tiempo, compre un «diapasón de lengüeta» o un «diapasón de horquilla en E», y un juego completo del tipo adecuado de cuerdas.

Debe comprar también la funda de guitarra más fuerte que pueda encontrar, con el fin de proteger el instrumento. Para las guitarras caras lo mejor es una caja dura de madera, fibra de vidrio o fibra de madera, pero una caja no tan fuerte o incluso una bolsa de polietileno ancho es mejor que nada.

Si es usted un principiante, pregunte si la guitarra está afinada antes de abandonar la tienda y procure no golpearla en el camino de regreso a casa.

Puede que le haya parecido una lista muy larga, pero si ha seguido todas las sugerencias y comprobaciones, podrá estar seguro de que tiene una buena guitarra que le hará un buen servicio y podrá gozar tocándola durante mucho tiempo.

Cuide su guitarra

Su guitarra durará más y estará en mejores condiciones si se preocupa de cuidarla un poco.

Una guitarra puede dañarse fácilmente por accidente, de modo que cuando no la esté tocando es mejor que la guarde en lugar seguro, a ser posible en su caja. Manténgala siempre alejada de las manos sucias y los pies y no la deje nunca en el suelo, donde podría tropezarse con ella, ni en un asiento en el que alguien se pudiera sentar encima (muchos buenos instrumentos han quedado totalmente destruidos por este motivo). Un armario es un lugar muy bueno para guardar una guitarra. Déjela horizontal boca arriba o levantada en una de las esquinas. Si quiere colgarla, utilice un pie para guitarra. No es recomendable dejar una guitarra apoyada en la pared ni en cualquier sitio del que pueda caer, pero si no tiene otro lugar colóquela erguida en una esquina entre dos muros con la tapa delantera de cara a la esquina.

Cuando deje la guitarra, evite los lugares en los que pueda producirse un cambio repentino de temperatura o humedad. No la deje nunca cerca de un radiador, aparato de aire acondicionado o salida de calefacción, junto a una ventana ni al sol: ni siquiera dentro de la caja. La sequedad o el calor extremos pueden producir grietas o rajas, y la humedad y el frío extremos hacer que las colas se ablanden. Donde el clima sea muy cálido o seco y con los aparatos acondicionadores de aire secos debe comprarse un «humidificador de guitarra» y guardarlo con ella dentro de la caja.

Si toca en el exterior, vigile la humedad del amanecer y el anochecer. No deje la guitarra en el suelo, en donde podrían pisarla, ni en la hierba, que puede estar húmeda. Vuelva a ponerla en la caja cuando haya terminado de tocar. Cuando lleve la guitarra fuera de la caja, sosténgala con firmeza por el cuello, cerca del «talón». Trate su guitarra como a un instrumento caro y frágil y evitará tener problemas.

LIMPIEZA. Frote suavemente todas las partes de la guitarra con un trapo suave cuando haya terminado de tocar. Limpie las cuerdas de una en una envolviendo alrededor de ella la esquina de un trapo y deslícelo hacia arriba y hacia abajo para eliminar el polvo o sudor. Si lo hace así, las cuerdas le durarán más. Los acabados en laca mejoraran dándoles dos o tres veces al año un pulimento de guitarra. Sin embargo, no utilice nada que contenga silicona, pues deja una capa permanente que no es posible quitar si la guitarra necesita una reparación. No acerque el pulimento a las cuerdas ni al diapasón, y lávese las manos antes de volver a tocar.

Antes de sacar la guitarra de su casa lea la página 115. Ponga un juego nuevo de cuerdas al menos una vez cada tres meses, si se rompe una cuerda o si éstas se han desgastado o producen un sonido apagado. (Vea la página 116.)

Empiece a tocar

DEDOS Y UÑAS

En la guitarra, todos los sonidos se hacen con los dedos, por lo que es importantísimo que cuide sus manos.

Las uñas de la mano izquierda deben estar bien cortadas o limadas, y ha de mantenerlas cortas y limpias. Nunca deben crecer más allá de las puntas de los dedos, pues en caso contrario dificultarían la pulsación correcta de las cuerdas sobre el diapasón.

Lime, en lugar de cortar, las uñas del pulgar y los dedos de la mano derecha. Pueden estar al mismo nivel de las puntas de los dedos o crecer unos 3 mm. por encima de las puntas. Lime las uñas de ambas manos siguiendo la forma redondeada de las puntas. Manténgalos bien limados, pues una uña quebrada puede producir un sonido desagradable en la cuerda y tiene mayores probabilidades de quebrarse.

Toque siempre con las manos limpias, pero no inmediatamente después de lavarlas, pues, tras mojarlos, los dedos estarán más blandos. Cuide mucho las manos, pues los pequeños cortes o quemaduras pueden hacer que el tocar le resulte incómodo.

Al principio, las puntas de los dedos de la mano izquierda pueden estar un poco blandas, pero se endurecerán si las frota ligeramente con alcohol quirúrgico después de haber tocado.

LOS DEDOS SE ENUMERAN DE ESTE MODO:

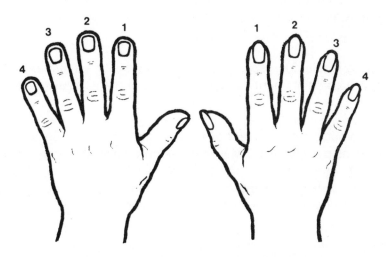

MANO IZQUIERDA
Mantenga las uñas cortas
y redondeadas

MANO DERECHA
Las uñas deben estar redondeadas
y pueden ser más largas

Modo de sostener la guitarra

El modo de sostener la guitarra y la posición de sus manos es muy importante, pues afecta a la corrección y facilidad de la ejecución. Una posición deficiente le permite un control menor de los dedos y le dificulta la ejecución. Procure, por tanto, aprender a coger la guitarra de un modo cómodo y relajado, pero correcto.

Siéntese siempre en un taburete o una silla erguida, no en un sillón, pues los brazos de éste le estorbarán. Las butacas, sofás y camas no son convenientes para sentarse a tocar, ya que es difícil sostener correctamente la guitarra sin un asiento firme y erguido.

Tenga en cuenta la ropa que lleva puesta al tocar. Las ropas voluminosas pueden resultar una limitación; los botones metálicos, las cremalleras y las joyas pueden arañar la guitarra.

La posición «clásica», utilizada por numerosos grandes instrumentistas, se considera como el mejor modo de sostener una guitarra. Para elevar el pie izquierdo se utiliza un pequeño escabel o una caja sólida de unos 150 mm. de altura. La guitarra se pone sobre la pierna izquierda y descansa como apoyo suplementario sobre el muslo derecho (vea los dibujos de la página siguiente).

En la posición «despreocupada» la guitarra puede descansar sobre cualquier muslo. No es tan buena posición como la «clásica», pero resulta adecuada para tocar la mayor parte de los estilos en tanto en cuanto la cara de la guitarra esté vertical y el cuello forme un ángulo ligeramente hacia arriba.

La guitarra debe mantenerse siempre cerca del cuerpo. El brazo derecho descansa sobre la parte más alta de la guitarra, el puño derecho debe estar relajado y los dedos han de caer en ángulo recto sobre las cuerdas.

El brazo y el codo izquierdos deben caer relajados y sueltos a su costado; la guitarra debe estar firme y completamente apoyada sin que la mano izquierda toque el instrumento.

Inclínese un poco hacia delante mientras toca y mire por encima de la guitarra cuando quiera ver los dedos o el diapasón. Mantener siempre hacia arriba la cara de la guitarra es más importante que poder ver con facilidad los dedos. Cuando tenga un poco de experiencia, podrá dominar el diapasón sin necesidad de mirar mucho los dedos. (Observe a cualquier guitarrista que cante y se dará cuenta de que toca sin mirar para poder cantar.)

Siga las instrucciones que se dan aquí y compruebe su posición de vez en cuando.

La cara de la guitarra debe estar hacia arriba.

POSICION «DESPREOCUPADA»

POSICION «CLASICA»

LA MANO DERECHA

La mano derecha toca las cuerdas pellizcándolas o golpeándolas. El pulgar y los dedos se mueven de diversos modos para tocar una cuerda cada vez o varias a la vez. Las cuerdas de acero pueden tocarse con una púa, pero no es recomendable cuando se está empezando a tocar, pues saber tocar con el pulgar y los dedos es una verdadera ventaja, incluso aunque luego vaya a utilizar una púa.

Empiece a tocar con el pulgar o la uña del pulgar; más adelante aprenderá en este libro a utilizar los dedos o una púa, según desee.

Ponga este libro donde pueda verlo y mantenga la guitarra correctamente del modo en que se explicó antes. (En esta etapa no toque la guitarra con la mano izquierda.) Coloque la mano derecha como se ve aquí, con el pulgar descansando ligeramente sobre la 6.ª cuerda (la más gruesa). La mano deberá estar relajada, pero no floja, y los dedos ligeramente curvados y caer en ángulo recto sobre las cuerdas inmediatamente detrás de la boca.

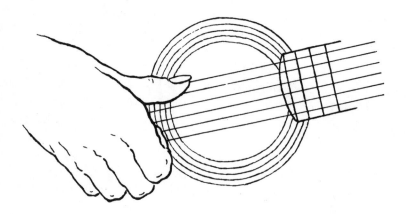

POSICION DE LA MANO DERECHA.
La muñeca está relajada; el pulgar dispuesto a tocar la 6.ª cuerda. Los dedos forman ángulo recto con las cuerdas inmediatamente detrás de la boca.

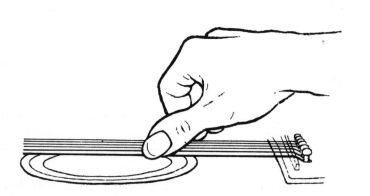

VISTA DESDE ARRIBA.
Así es cómo deberá ver la mano derecha cuando toque.
La muñeca y el resto de la mano deberán mantenerse lejos de las cuerdas.

Mantenga el pulgar derecho —no deberá flexionarse por la mitad cuando esté tocando— y mantenga el resto de los dedos lejos de las cuerdas. Sin mover ninguna otra parte de la mano, pulse suavemente hacia abajo con el pulgar, de modo que golpee la 6.ª cuerda, y descanse sobre la 5.ª cuerda. Pulse simplemente con la fuerza suficiente para que la nota suene con claridad.

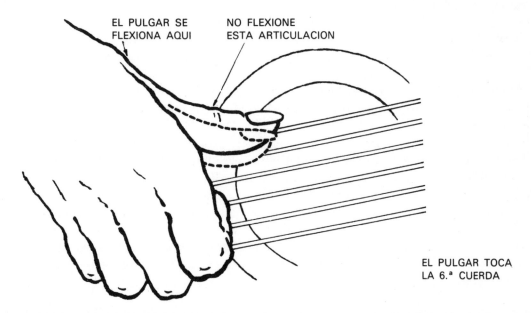

EL PULGAR SE
FLEXIONA AQUI

NO FLEXIONE
ESTA ARTICULACION

EL PULGAR TOCA
LA 6.ª CUERDA

Deje libre la cuerda después de haberla pulsado, pues si la toca dejará de sonar. La mano deberá permanecer en la misma posición, para que pueda subir el pulgar, descansarlo sobre la 6.ª cuerda y volver a pulsarla de nuevo. Practique esto hasta que toque la cuerda claramente.

TOCAR SIMULTANEAMENTE CON LOS TIEMPOS DEL COMPAS
Mantenga la mano en posición dispuesta a tocar y empiece a contar lenta y uniformemente: 1—2—3—4—1—2—3—4—1—2—3—4

Si lo prefiere, golpee el suelo lentamente con el pie al tiempo que cuenta.

Ahora toque la 6.ª cuerda cada vez que cuente «1». Cuando pueda hacerlo sin dudar, toque la cuerda cada vez que cuente «1» y «3». Finalmente, cuente muy lentamente y toque en todos los tiempos: 1—2—3—4.

Trate de tocar y contar con cada cuerda por turnos. Mueva la mano hacia abajo y descanse el pulgar ligeramente sobre la 5.ª cuerda, y toque mientras cuenta. Luego la 4.ª cuerda, etc.

Cuando pueda hacerlo sin vacilar, habrá empezado a aprender algo muy importante: tocar simultáneamente con los tiempos del compás.

LA MANO IZQUIERDA

Las puntas de los dedos de la mano izquierda presionan las cuerdas sobre el diapasón inmediatamente detrás de los trastes para cambiar las notas en cada cuerda. En cada posición de traste se encuentra una nota diferente. Cuanto más suba por el diapasón, más agudas son las notas en cada cuerda. (En la guitarra, «alto» es hacia el puente y «bajo» hacia la ceja.)

Preocúpese especialmente de colocar la mano izquierda correctamente. La posición de la mano izquierda y el modo en que sostiene la guitarra afectan mucho a la facilidad con que pueda tocar. La mano izquierda no debe sostener la guitarra, pues debe estar libre para realizar sus movimientos (podrá dar la vuelta a las páginas de los libros de música con la mano izquierda si sostiene la guitarra correctamente.)

Coloque este libro donde pueda leerlo y sostenga la guitarra correctamente. Coloque entonces el pulgar izquierdo en mitad del cuello, ligeramente pasado el primer traste por debajo, como se indica en la página posterior. El pulgar izquierdo deberá estar recto; no permita nunca que se doble por la articulación. La muñeca deberá estar flexionada y relajada, con el codo izquierdo colgando suelto a su costado. Arquee los dedos sobre las cuerdas para que estén dispuestos a tocarlas. Los dedos no deberán estar juntos, ni cerrados en un puño. Cada dedo deberá estar separado y relajado, para que pueda moverse independientemente de los otros dedos. La palma de la mano no deberá tocar *nunca* la guitarra.

Curve ahora el primer dedo y presione ligeramente con la punta del dedo sobre la 1.ª cuerda (la más delgada), justamente detrás del 1.er traste. Presione suavemente el pulgar izquierdo contra la parte trasera del cuello y pulse la 1.ª cuerda con el pulgar derecho. Mantenga la mano izquierda en posición, pero relaje el pulgar. Si la nota suena claramente, muy bien. Si no es así, lo más probable es que no esté presionando con la firmeza suficiente, *o* que su dedo no se halla lo bastante cerca del traste, *o* que su dedo está directamente sobre el traste, *o* que la uña del dedo es demasiado larga. Corrija lo que esté equivocado y practique hasta que obtenga siempre una nota suficientemente clara.

Relaje la mano detrás de cada intento.

Presione las cuerdas sólo con la fuerza suficiente para obtener una nota clara. La presión excesiva le producirá fatiga en el pulgar y los dedos y disminuirá la velocidad de su ejecución.

Haga descansos frecuentes cuando practique algo nuevo y suelte los dedos con flexiones. Un buen modo de relajar los dedos es cerrar la mano para formar un puño apretado, y luego ábralos hasta que queden estirados. Haga esto varias veces antes de tocar y siempre que quiera soltar los dedos. Si está sosteniendo correctamente la guitarra, no necesita dejarla para hacer este ejercicio.

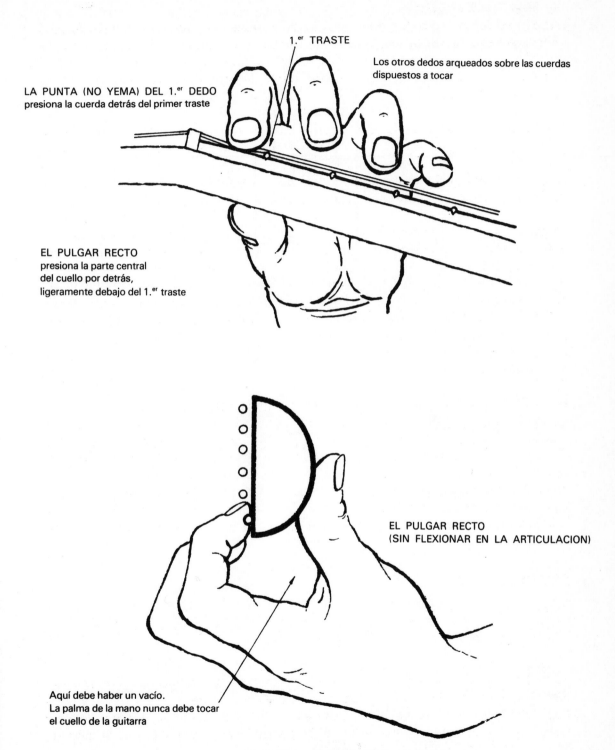

1.er TRASTE

Los otros dedos arqueados sobre las cuerdas
dispuestos a tocar

LA PUNTA (NO YEMA) DEL 1.er DEDO
presiona la cuerda detrás del primer traste

EL PULGAR RECTO
presiona la parte central
del cuello por detrás,
ligeramente debajo del 1.er traste

EL PULGAR RECTO
(SIN FLEXIONAR EN LA ARTICULACION)

Aquí debe haber un vacío.
La palma de la mano nunca debe tocar
el cuello de la guitarra

LA MUÑECA FLEXIONADA Y RELAJADA

23

Los diagramas simples (llamados «Cajas» o «Ventanas») muestran el diapasón y la posición de las notas sobre él. Las líneas verticales corresponden a las cuerdas, las líneas horizontales corresponden a los trastes y la «ceja».

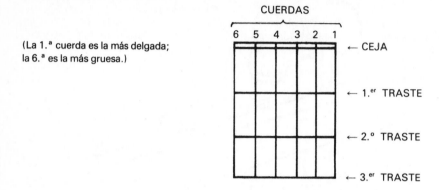

(La 1.ª cuerda es la más delgada;
la 6.ª es la más gruesa.)

Un punto sobre el diagrama marca el lugar en donde un dedo va a tocar una nota particular. Un número al lado del punto indica el dedo que va a utilizarse para producir la nota. Este diagrama indica la nota que se tocaba en la página 23.

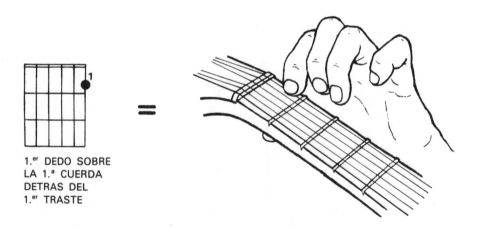

1.er DEDO SOBRE
LA 1.ª CUERDA
DETRAS DEL
1.er TRASTE

Siga siempre estos diagramas cuidadosamente y asegúrese de que utiliza el dedo correcto sobre la cuerda correcta, justamente detrás del traste adecuado. Detrás del traste de cada cuerda se obtienen notas diferentes, por lo que si su dedo se halla sobre la cuerda equivocada, no tocará la nota adecuada.

CUERDAS AL AIRE Y NOTAS AL AIRE
Algunas notas se tocan sin que ningún dedo de la mano izquierda toque una cuerda: éstas reciben el nombre de «notas al aire».

Cuando se toca una cuerda sin apoyar ningún dedo de la mano izquierda, se denomina «cuerda al aire».

Las notas reciben el nombre de las letras del alfabeto:

La nota producida con la primera cuerda al aire se llama **«e»**.

La nota producida pulsando la primera cuerda detrás del primer traste se llama **«f»**.

La nota producida con la primera cuerda detrás del primer traste se llama **«g»**.

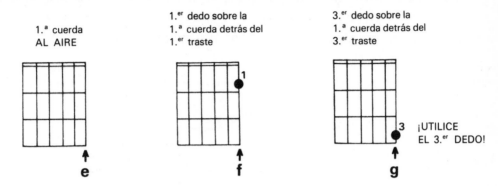

1.ª cuerda
AL AIRE

↑
e

1.er dedo sobre la
1.ª cuerda detrás del
1.er traste

↑
f

3.er dedo sobre la
1.ª cuerda detrás del
3.er traste

¡UTILICE
EL 3.er DEDO!

↑
g

Sostenga la guitarra en la posición correcta y encuentre la nota **«f»**.

(Asegúrese de que el pulgar izquierdo está recto, en la mitad del cuello, por la parte de abajo y ligeramente pasado el 1.er traste. Arquee los dedos sobre las cuerdas y presione con la punta del primer dedo sobre la 1.ª cuerda, justamente detrás del 1.er traste. La palma no deberá tocar el cuello.)

Toque la nota **«f»** pulsando la 1.ª cuerda con el pulgar derecho.

Mantenga en posición el pulgar y el resto de la mano y levante el dedo primero de la 1.ª cuerda. Toque luego la nota al aire **«e»**.

Sin mover el pulgar ni el resto de la mano, arquee el tercer dedo sobre la 1.ª cuerda, detrás del 3.er traste, y toque **«g»**.

Cuente las pulsaciones lentamente, y toque cada nota de nuevo:

e	f	g	f	e
1 2 3 4	1 2 3 4	1 2 3 4		

Cuente lentamente, golpee con el pie simultáneamente con los tiempos del compás, y toque la melodía siguiente. Se traza una línea delgada entre cada serie de 4 tiempos para que resulte más fácil leerlos. No hay que detenerse en estas «barras divisorias», sino que hay que contar uniformemente 1 2 3 4 1 2 3 4 como si no estuvieran ahí. Tocar un poco más fuerte siempre que cuente «1». Cuente lentamente los tiempos extras al principio para fijar su velocidad. (NOTA: El final de la música se indica con una doble barra [‖].)

MELODIA DE 3 NOTAS

	g g f e	f f e f	g g f f	e	
1 2 3 4	1 2 3 4	1 2 3 4	1 2 3 4	1 2 3 4	‖

UN DEDO DIFERENTE PARA CADA TRASTE

En la «1.ª posición», se utiliza el 1.ᵉʳ dedo para presionar *cualquiera* de las cuerdas detrás del 1.ᵉʳ traste; el 2.º dedo se utiliza para presionar *cualquiera* de la cuerdas detrás del 2.º traste para tocar una sola nota; el 3.ᵉʳ dedo se utiliza para presionar *cualquier* cuerda detrás del 3.ᵉʳ traste para tocar una sola nota, y el 4.º dedo se utiliza para *cualquiera* de las cuerdas detrás del 4.º traste cuando se toca una sola nota.

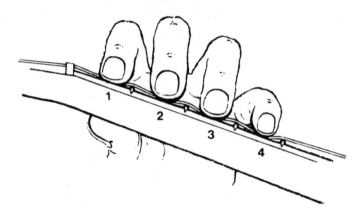

En esta etapa no deberá deslizar los dedos hacia arriba o hacia abajo por las cuerdas para tocar notas diferentes.

ENTRENAMIENTO DE LOS DEDOS

Practique esto unos minutos cada vez que vaya a tocar para ayudar a entrenar los dedos a utilizar los trastes correctos y moverse con independencia unos de otros.

Presione ligeramente los dedos sobre la 6.ª cuerda como se indica arriba: el 4.º dedo detrás del 4.º traste; el 3.ᵉʳ dedo detrás del 3.ᵉʳ traste, etc. (Si es demasiada extensión al principio, empiece con el 1.ᵉʳ dedo detrás del 5.º traste, y cada uno de los dedos un traste más alto.)

Presione el pulgar sobre la parte posterior del cuello, presione con el 4.º dedo y puntee la 6.ª cuerda para tocar la nota en el 4.º traste. Luego levante el 4.º dedo y toque la nota en el 3.ᵉʳ traste. A continuación, levante el 3.ᵉʳ dedo y toque la nota en el 2.º traste. Finalmente, levante el 2.º dedo y toque la nota del 1.ᵉʳ traste.

Haga un descanso y toque las notas en orden contrario: 1.ᵉʳ traste, 2.º traste, 3.ᵉʳ traste, y luego la nota del 4.º traste.

Trate también de tocar el mismo esquema de notas sobre las otras cuerdas por turno: la 6.ª cuerda, luego la 5.ª, luego la 4.ª, etc.

Practique un poco esto cada vez. Relaje la mano con frecuencia, descansando la palma sobre una mesa con el pulgar y los dedos estirados.

Cómo afinar la guitarra

La afinación es lo más importante que hay que aprender. Hasta la música más simple suena muy bien cuando la guitarra está bien afinada; pero si la guitarra se encuentra desafinada, todos los sonidos resultan desagradables. Tenga paciencia cuando afine por primera vez la guitarra, pues le será más sencillo con el tiempo.

Encuentre un lugar tranquilo en donde nada le distraiga cuando afine la guitarra. Necesitará un diapasón de lengüeta, un diapasón de horquilla en «E» o cualquier otro instrumento que le dé la nota «E» de la primera cuerda (la más delgada). Después las otras cuerdas se van afinando unas con otras.

DONDE ENCONTRAR LA NOTA PARA LA PRIMERA CUERDA

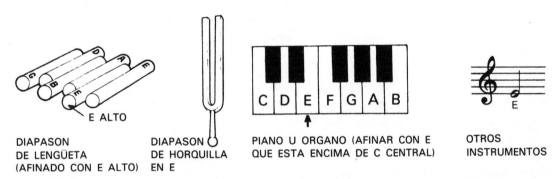

DIAPASON
DE LENGÜETA
(AFINADO CON E ALTO)

DIAPASON
DE HORQUILLA
EN E

PIANO U ORGANO (AFINAR CON E
QUE ESTA ENCIMA DE C CENTRAL)

OTROS
INSTRUMENTOS

LOS DIAPASONES DE LENGÜETA Y LOS DE HORQUILLA EN «E» se venden por poco dinero en las tiendas de música y pueden llevarse en la caja de la guitarra. Los diapasones de lengüeta tienen un silbato para afinar cada cuerda; sin embargo, es mejor utilizar sólo un silbato. Encuentre el sonido más alto de las dos lengüetas de «E», póngalo en la boca y sople suave y uniformemente para dar la nota de la primera cuerda. Un diapasón de horquilla en «E» da la nota con más precisión. Sostenga el asidero entre el pulgar y el índice de la mano derecha y golpee las puntas contra la rodilla. Luego coloque el extremo del asidero sobre el puente de la guitarra con las puntas al aire, y oirá la nota que necesita.

UN PIANO U ORGANO le darán también la nota que necesite. Utilice la nota «E» que hay arriba del «C central» de la mitad del teclado. Un órgano proporciona una nota perfecta si pone en marcha el «vibrato» y otros efectos. (Si afina con un piano, su guitarra puede no estar afinada con otros instrumentos, pues no todos los pianos están afinados en el mismo tono. Eso no tiene importancia si va a tocar solo o con el piano.) También puede obtener la nota «E» de otros instrumentos, o de otra guitarra, siempre que ésta se encuentre afinada.

La nota «E» de los diapasones o de cualquier otro instrumento no sonará exactamente igual que su cuerda primera, pues cada uno tiene un timbre diferente. Cuando afine, debe armonizar los sonidos lo más posible.

Las cuerdas se afinan girando suavemente y poco a poco el clavijero. Cuando gira hacia un lado tensa la cuerda y ésta da un sonido más agudo. Hacia el otro lado la suelta y da un sonido más grave. Coja la clavija entre el pulgar y el índice izquierdo y asegúrese de que está maniobrando con la clavija correcta para cada cuerda (vea la página siguiente).

1. Afinación de la 1.ª cuerda. Sople uniformemente en el silbato del «E alto» del diapasón, o toque la nota «E» del diapasón de horquilla o de cualquier otro instrumento. Mientras suena la nota, toque la 1.ª cuerda. (Tóquela con un dedo de la mano izquierda si utiliza un diapasón de horquilla.) Si la 1.ª cuerda suena más aguda que la nota «E», deberá aflojarla girando un poco su clavija. Si suena más grave, habrá de tensarla un poco. (Lo más conveniente es un giro de ¼ cada vez.) Si no está seguro de si suena más aguda o más grave, déjela como está y repita la operación: toque primero la nota y la cuerda. Si continúa sin estar seguro, afloje un poco la cuerda. Si la cuerda suena *más* desafinada es que ha girado en la dirección equivodada, y deberá tensarla.

Continúe ajustando la 1.ª cuerda un tiempo hasta que no suene más aguda ni más grave que la nota «E» del diapasón de lengüeta, de horquilla o de otro instrumento. Entonces su 1.ª cuerda estará afinada.

2. Afine la 2.ª cuerda. Púlsela antes del 5.º traste con la punta del 2.º dedo de la mano izquierda *y mantenga la nota.* Toque la 1.ª cuerda dos veces, espere un momento y vuelva a tocar la 2.ª cuerda. Si ésta produce un sonido más agudo, gire un poco la clavija para aflojarla. Si da un sonido más grave, ténsela un poco y compare de nuevo los sonidos de las cuerdas. (Toque primero la 1.ª cuerda.) Siga afinando la 2.ª cuerda (con el dedo detrás del 5.º traste) hasta que suene igual que la 1.ª al aire.

3. Pulse la 3.ª cuerda detrás del CUARTO traste con el dedo corazón. Toque la 2.ª dos veces y toque luego la 3.ª cuerda. Siga tocando la 3.ª cuerda en el 4.º traste y afine un poco cada vez hasta que suene igual que la 2.ª cuerda al aire.

4. Pulse la 4.ª cuerda detrás del QUINTO traste y afine gradualmente hasta que suene igual que la 3.ª cuerda al aire.

5. Pulse la 5.ª cuerda detrás del 5.º traste y afine gradualmente hasta que suene igual que la 4.ª al aire.

6. Pulse la 6.ª cuerda detrás del 5.º traste y afine gradualmente hasta que suene igual que la 5.ª al aire.

Su guitarra estará ya afinada.

AFINE SU GUITARRA

1

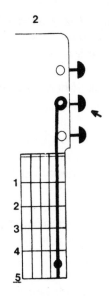

GIRE LA CLAVIJA PARA AFINAR
LA 1.ª CUERDA CON EL «E ALTO»
DEL DIAPASON DE LENGÜETA,
EL «E» DEL DIAPASON DE HORQUILLA
O EL «E» SUPERIOR AL «C MEDIO»

GIRE LAS CLAVIJAS PARA AFINAR CADA CUERDA

2

PULSE LA 2.ª CUERDA
DETRAS DEL 5.º TRASTE
Y AFINE CON LA
1.ª CUERDA AL AIRE

3

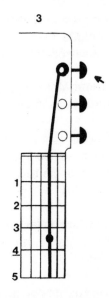

PULSE LA 3.ª CUERDA
DETRAS DEL **CUARTO** TRASTE
Y AFINE CON LA 2.ª CUERDA
AL AIRE

4

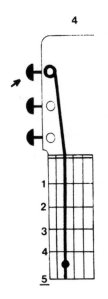

PULSE LA 4.ª CUERDA
DETRAS DEL 5.º TRASTE
Y AFINE CON LA 3.ª CUERDA
AL AIRE

5

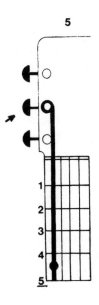

PULSE LA 5.ª CUERDA
DETRAS DEL 5.º TRASTE
Y AFINE CON LA 4.ª CUERDA
AL AIRE

6

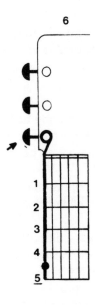

PULSE LA 6.ª CUERDA
DETRAS DEL 5.º TRASTE
Y AFINE CON LA 5.ª CUERDA
AL AIRE

Sugerencias para la afinación

1. Compruebe la afinación cada vez que va a tocar. Afine la guitarra en otra habitación siempre que vaya a tocar para alguien más. Antes de tocar con otro instrumento, afine la guitarra con ese instrumento (ver página 27).

2. Tómese el tiempo necesario para la afinación y asegúrese de que cada cuerda está afinada antes de pasar a la siguiente.

3. Cuando esté afinando una cuerda con otra, escuche primero la que está ya afinada y tóquela dos veces para fijar el sonido en su memoria. A continuación espere un momento antes de tocar la cuerda que va a afinar. Ello le ayudará a escuchar la diferencia entre las dos.

4. No pellizque las cuerdas con demasiada fuerza, pues el sonido le saldría distorsionado. No obstante, ha de tocar con la fuerza suficiente para que cada cuerda se oiga con claridad.

5. Si la cuerda con la que está trabajando parece desafinarse cada vez más, es que está girando la clavija en el sentido equivocado, gírela en el otro sentido y compruebe si el sonido que producen las cuerdas está más cerca de la afinación. En caso de duda, hay que aflojar siempre en lugar de tensar, para evitar que se produzca tensión en las cuerdas o en la guitarra. Cuando el sonido de las cuerdas sea muy similar, gire la clavija muy poco.

6. Si dos cuerdas suenan de modo muy similar y duda de que estén afinadas, tóquelas *rápidamente* una detrás de otra. Si escucha algo desabrido, una pulsación ondeante, o siente una vibración en la guitarra, es que las cuerdas no están perfectamente afinadas entre sí.

7. Asegúrese de que tiene el dedo primero correctamente colocado en el traste preciso y presione cada cuerda directamente sobre el diapasón. Si la cuerda se «desliza», la nota se alterará y no podría lograr la afinación.

8. Tenga cuidado de no golpear las clavijas cuando transporte la guitarra o la saque de la caja, pues ello podría desafinarla.

Si tiene mucha dificultad para afinar la guitarra, espere unos momentos y pruebe de nuevo. Si tampoco así lo logra, pida ayuda a alguien que toque un instrumento musical —podrá decirle si la está afinando correctamente— o llévela a su tienda de música y pida que le ayuden.

Si se le rompe una cuerda, lea la página 116.
Si cree que a su guitarra le pasa algo, lea la página 123.

Más notas y melodías que puede tocar

Las siguientes notas —**b, c** y **d**— están en la 2.ª cuerda. Puede verlas aquí junto con las notas de la 1.ª cuerda que ya ha tocado.

Trate de tocar cada nota una detrás de otra: **b c d c b**
(Asegúrese de que utiliza el 3.ᵉʳ dedo detrás de cada 3.ᵉʳ traste para la nota «**d**».

Toque ahora las notas de las cuerdas 1.ª y 2.ª contando los tiempos del compás y golpeando simultáneamente con el pie:

CUENTE	c				d				e				f				g				f				e				d				c			
	1	2	3	4	1	2	3	4	1	2	3	4	1	2	3	4	1	2	3	4

Mantenga siempre los dedos en la nota hasta que el dedo siguiente esté preparado para tocar. El «pasear» los dedos de una nota a la siguiente hará que su interpretación suene más uniforme y profesional. Le ayudará también a entrenar los dedos para moverlos del modo correcto.

En la melodía que se incluye a continuación algunas notas duran más que otras. Ello no presenta ningún problema si cuenta lenta y uniformemente y toca cada nota simultáneamente con la pulsación que se indica para ella. (No se detenga a contar ni pierda velocidad en las «barras divisorias».) Cuente lentamente las pulsaciones extras al principio para determinar la velocidad.

ODA A LA ALEGRIA, de Beethoven

CUENTE					e	—	f	g	g	f	e	d	c	c	d	e	e	—	d	d
	1	2	3	4	1	2	3	4	1	2	3	4	1	2	3	4	1	2	3	4

					e	—	f	g	g	f	e	d	c	c	d	e	d	—	c	c
	1	2	3	4	1	2	3	4	1	2	3	4	1	2	3	4	1	2	3	4

Las tres melodías siguientes se tocan con las notas que ya ha aprendido.
Se repiten los diagramas de las notas para que pueda verlos sin tener que volver la página. Recuerde tocar cada nota con el dedo correcto.

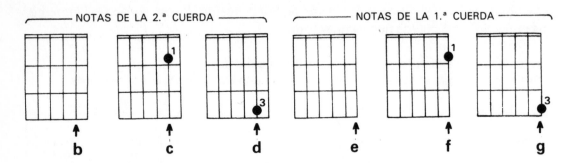

— NOTAS DE LA 2.ª CUERDA —	— NOTAS DE LA 1.ª CUERDA —
b c d	e f g

BOBBY SHAFTOE, canción popular inglesa y americana. Puede ver que aquí las palabras de la canción se adecuan a la melodía. Golpee con el pie y cuente lentamente los tiempos del compás.

				Bob-by	Shaf-toe's	gone to	sea —	Sil - ver	buck-les
				c c c f	e g e c	d d d d
CUENTE	1 2 3 4	1 2 3 4	1 2 3 4	1 2 3 4

on his knee —	he'll come back and	mar -ry me —	bon -ny Bob -by	Shaf —— toe.
b d b —	c c c f	e g e c	d f d b	c — c —
1 2 3 4	1 2 3 4	1 2 3 4	1 2 3 4	1 2 3 4

SKIP TO MY LOU, canción popular americana.

				Lost my	part-ner	what'll I	do —	lost my	part-ner
				e e c c	e e g –	d d b b
CUENTE	1 2 3 4	1 2 3 4	1 2 3 4	1 2 3 4

what'll I do —	Lost my part-ner	what'll I do ___	Skip to my Lou,my	dar — ling.
d d f –	e e c c	e e g —	d d e d	c — c —
1 2 3 4	1 2 3 4	1 2 3 4	1 2 3 4	1 2 3 4

Practique estas melodías hasta que pueda tocarlas ininterrumpidamente al tiempo con el compás.

Antes de tocar una melodía, piense en ella unos momentos. Cante o tararee para sí mismo las primeras notas para captar el sentimiento correcto de la melodía, y empiece a tocar y contar a la velocidad correcta.

Aprender correctamente este paso cuesta tiempo.

1. Para dar la nota «**c**» ponga el 1.ᵉʳ dedo sobre la 2.ª cuerda detrás del 1.ᵉʳ traste. Compruebe que el 1.ᵉʳ dedo no toca para nada las cuerdas 3.ª ni 1.ª; luego toque las cuerdas 3.ª, 2.ª y 1.ª una detrás de otra. Deberán sonar con claridad tres notas. Si alguna de las notas suena apagada o con un zumbido, es que el dedo no está colocado apropiadamente o que la uña es demasiado larga. Relájese, corrija lo que está mal e inténtelo de nuevo. (Vea el dibujo número 1.)

2. Mantenga la nota «**c**» y baje luego el 1.ᵉʳ dedo de modo que presione al mismo tiempo las cuerdas 2.ª y 1.ª detrás del 1.ᵉʳ traste. (Dibujo número 2.) Toque ahora las cuerdas 2.ª y 1.ª Repítalo hasta que oiga dos notas claras. Luego mantenga en el lugar el 1.ᵉʳ dedo y pase a la etapa 3.

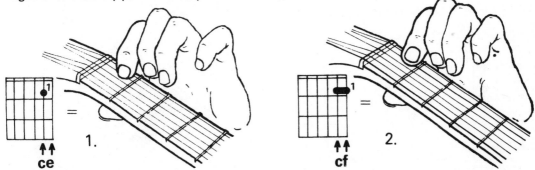

3. Relaje el pulgar izquierdo y flexione el 1.ᵉʳ dedo para dejar al aire de nuevo la 1.ª cuerda (como en el dibujo 1). Toque las cuerdas 3.ª, 2.ª y 1.ª para obtener de nuevo tres notas claras.

Repita estos tres pasos, golpeando con el pulgar derecho en las cuerdas 1.ª y 2.ª, de modo que suenen juntas ambas notas:

e	e	f	f	e			
c	c	c	c	c			
1	2	3	4	1	2	3	4

Vea que puede hacerlo uniformemente al tiempo que cuenta; luego toque la melodía siguiente, que tiene estas notas al final.

GO AND TELL AUNT RHODY, canción de «folk» americana.

				Go	and	tell	Aunt	Rho —	dy ——		,Go	and	tell	Aunt
				e	e	e	d	c	–	c –	d	d	d	f
CUENTE	1	2	3	4	1	2	3	4	1	2	3	4	1	2	3	4

Rho —	dy —	,	Go	and	tell	Aunt	Rho ——	dy	her	old	grey	goose is	dead,	f e
e	d	c	–	g	g	g	f	e	–	e	e	d	d	e	d	c	c	c	–
1	2	3	4	1	2	3	4	1	2	3	4	1	2	3	4	1	2	3	4

Empiece a tocar acordes

Se hace un acorde cuando se tocan juntas dos o más notas. Cuando se tocan notas sobre dos cuerdas (página 33) son acordes simples, pero la mayor parte de los acordes se hacen tocando al menos cuatro cuerdas.

Los acordes reciben el nombre de su nota más importante. Hay «acordes de C», «acordes de D», etc. En los diagramas pueden verse como notas simples.

El acorde de «C» se hace de este modo:

1. Ponga el 1.er dedo sobre la 2.ª cuerda detrás del 1.er traste.
2. Añada el 2.º dedo sobre la 4.ª cuerda detrás del 2.º traste.
3. Añada el 3.er dedo sobre la 5.ª cuerda detrás del 3.er traste.

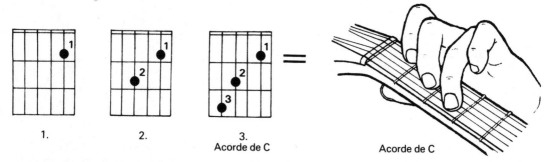

1. 2. 3.
Acorde de C

Acorde de C

Cuando tenga colocados los dedos, presione sobre la parte posterior del cuello con el pulgar izquierdo y toque el acorde de C rasgueando con el pulgar derecho las cuerdas con un golpe ininterrumpido y rápido hacia abajo.

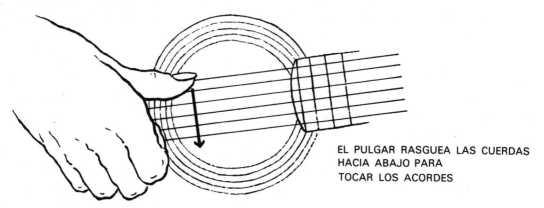

EL PULGAR RASGUEA LAS CUERDAS HACIA ABAJO PARA TOCAR LOS ACORDES

El pulgar derecho debe *golpear* rápidamente las cuerdas, sin meter el dedo, de modo que suenen al mismo tiempo. Toda la mano puede moverse con el pulgar; la muñeca y el antebrazo giran, pero no suben ni bajan. El acorde de «C» suena mejor si no se toca la 6.ª cuerda, por lo que debe tratar de golpear con el pulgar hasta la 5.ª cuerda.

Cuando quiera que suene un acorde, debe tocar sólo las cuerdas que necesita y asegurarse de que los dedos están cerca de los trastes correctos para que ninguna cuerda suene apagada o zumbe. Compruebe la digitación de los acordes tocando cada nota una tras otra para asegurarse de que todas las notas suenan claramente.

Si el sonido de un acorde resulta desagradable cuando toca todas las cuerdas juntas, sus dedos deben estar colocados equivocadamente o la guitarra está desafinada.

El acorde siguiente se llama «G7» (G SEPTIMA). Es similar al de «C», pero los dedos descansan en cuerdas diferentes. «G7» se hace así:

1. Ponga el 1.er dedo sobre la 1.ª cuerda, detrás del 1.er traste.
2. Añada el 2.º dedo sobre la 5.ª cuerda, detrás del 2.º traste.
3. Añada el 3.er dedo sobre la 6.ª cuerda, detrás del 3.er traste.

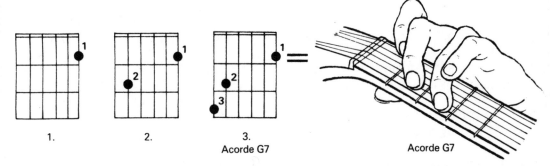

1.   2.   3.
Acorde G7   Acorde G7

Cuando haya colocado los dedos, presione la parte posterior del cuello con el pulgar izquierdo y toque el acorde G7.

Los acordes de C y G7 suelen encontrarse juntos, por lo que necesita practicar el cambio de uno a otro:

1. Ponga los dedos suavemente sobre el acorde de C.

2. Mantenga el acorde de C y averigüe dónde tendrá que poner los dedos para dar el «G7». (Los dedos mantienen la misma formación, pero el 1.º pasa a la 1.ª cuerda y el 2.º y el 3.º a la 5.ª y 6.ª)

3. Mueva ahora los dedos para hacer el acorde de G7. Toque el acorde y luego relaje la mano sin quitar los dedos.

4. Piense adónde habrá de llevar los dedos para formar el acorde de C. (Cada dedo mueve una cuerda.) Mueva los dedos hasta el acorde de C y tóquelo.

Cuando cambie de acordes y toque notas sencillas, debe mantener los dedos cerca de las cuerdas para no moverlos más de lo necesario.

Cambie ahora los acordes simultáneamente con los tiempos del compás. *Cuente muy lentamente al principio y pase los dedos al otro acorde cuando cuente «y» (&).*

	C	CAMBIO	G₇	CAMBIO	C	CAMBIO	G₇	CAMBIO	C
2 &	1	&	2	&	1	&	2	&	1

Cuente ahora lentamente y golpee con el pie: 1 2 3 4 1 2 3 4, etc. Sin romper los tiempos del compás, meta un «y» (&) entre cada «4» y «1». (No golpee ni disminuya la velocidad en el «&», pues cae entre los tiempos del compás.

1	2	3	4 & 1	2	3	4 & 1	2	3	4

Ahora toque cada acorde cuatro veces, cambiando al otro acorde en «&».

	C	/	/	/	G₇	/	/	/	C	/	/	/	etc.
1	2	3	4 &	1	2	3	4 &	1	2	3	4 &	1	2	3	4 &

Una barra (/) detrás de un nombre de acorde significa que hay que repetirlo. Toque el acorde una vez por su nombre y otra por *cada* acorde:

C / = TOCAR EL ACORDE DE C DOS VECES   G₇ / / = TOCAR EL ACORDE DE G₇ 3 VECES
C / / / = TOCAR EL ACORDE DE C 4 VECES

Acelere gradualmente cuando pueda cambiar los acordes sin detenerse. Asegúrese de que realiza correctamente el cambio de acorde y de que toca cada cuerda el número correcto de veces. Mantenga el ritmo con la mano derecha y golpeando con el pie si pierde un cambio de acorde, y así no se notará cualquier posible error.

Los acordes proporcionan a una melodía ritmo y armonía de «apoyo». Pero no suelen dar la melodía, que normalmente se canta o es tocada por otro instrumento. Cuando toque «acordes de acompañamiento», cante o tararee la melodía o trate de oírla interiormente. Antes de empezar, debe tocar las primeras notas, o incluso toda la melodía, para fijar ésta en su cabeza.

BOBBY SHAFTOE. Toque las primeras notas (c c c f e g e) para fijar la melodía en su mente, luego cante o tararee con el acompañamiento de acordes.

					Bob-by	Shaf-toe's			gone to sea	—	Sil - ver	buck-les	
CUENTE Y GOLPEE CON EL PIE					C	/	/	/	C	/	/	/	G₇	/	/	/
	1	2	3	4	1	2	3	4	1	2	3	4 &	1	2	3	4

on	his	knee —	He'll come back and	mar - ry	me	—	Bon - ny	Bob - by	Shaf —— toe —	
G₇	/	/	/	C	/	/	/	C	/	/	/	G₇	/	/	/	C	/	/	/
1	2	3	4 &	1	2	3	4	1	2	3	4 &	1	2	3	4 &	1	2	3	4

Cómo practicar

Practique si puede todos los días durante 20 minutos. La práctica diaria regular es mucho mejor que tratar de tocar varias horas una o dos veces por semana. Cuanto más a menudo toque, mejor lo hará.

Practique en un lugar tranquilo en donde nadie le escuche. Lo peor que puede suceder cuando alguien está aprendiendo es que otra persona le escuche.

Tenga paciencia. Asegúrese de que puede tocar cada pieza sin interrupciones a la velocidad adecuada antes de pasar a la melodía siguiente. Sin embargo, trate de aprender algo nuevo todas las semanas, aunque sólo sea una melodía sencilla o un par de acordes.

Empiece a tocar todo con lentitud. Cuando pueda tocarlo correcta y uniformemente, vaya tomando gradualmente la velocidad apropiada. Nunca tocará bien si trata de hacerlo rápido demasiado pronto.

Manténgase relajado cuando esté tocando. Dé un descanso a los dedos de vez en cuando y deje de tocar si está cansado o rígido.

No se desanime si no parece mejorar rápidamente. Si practica con regularidad y sigue aprendiendo, su ejecución se hará gradualmente mejor con el tiempo. Si algo parece salir muy mal, practíquelo un poco todos los días y pronto le resultará más fácil.

Planifique del modo siguiente sus ensayos para sacar el mejor partido del tiempo:

1. Flexione los dedos para soltarlos. Caliéntese las manos si las tiene frías.

2. Compruebe la afinación y vuelva a afinar si es necesario.

3. Practique durante unos minutos utilizando todos los dedos de la mano izquierda para tocar las notas en los diferentes trastes (página 26). Esto fortalecerá su mano y hará que el 4.º dedo (meñique) esté preparado para tocar cuando lo necesite.

4. Practique algo nuevo o algo que no le salga bien. Si unas cuantas notas o acordes le hacen perder velocidad, practíquelos separadamente hasta que pueda tocarlos sin vacilación.

5. Finalmente, toque la música que sabe ya. Incluso aunque esté tocando por divertirse, mejore su ejecución corrigiendo cualquier error o mala costumbre.

Empiece a leer música

Es más fácil aprender a leer música de lo que la gente cree. En realidad no hay ningún misterio: una pieza de música escrita es una serie de instrucciones que indican cómo tocar (o cantar) una melodía o canción. Diversos signos indican todo lo referente a la música: qué notas tocar, cómo y cuándo hacerlo, y cuánto deben durar.

Sabe ya más de lo que cree de música escrita. Conoce los nombres de algunas de las notas que puede tocar y ha aprendido a adecuarlas con los tiempos del compás que puede contar. El resto no es difícil. Pronto aprenderá más notas y sabrá reconocerlas dentro de una pieza musical.

Podría aprender a tocar la guitarra sin saber leer música. Podría conseguirlo si tiene la aptitud especial de captar rápidamente lo que hacen otros instrumentistas, o si se limita a los acompañamientos básicos de melodías que conozca bien. Sin embargo, podrá aprender las nuevas melodías y canciones con mayor facilidad, rapidez y corrección, y entender mejor la música que quiere tocar, si aprende a leer música. La mayor parte de los guitarristas descubren que es una ventaja saber leer música; muchos de los que no saben leerla lamentan no haber aprendido cuando empezaron a tocar la guitarra. Ahora es el mejor momento para que aprenda y dé los siguientes pasos para convertirse en un buen guitarrista.

LOS NOMBRES DE LAS NOTAS

Hay siete nombres para las notas, que se denominan con las siete primeras letras del alfabeto, y cada una de las notas es más aguda que la anterior. Después de G la nota siguiente más aguda es otro A.

a b c d e f g <u>a</u> <u>b</u> <u>c</u> <u>d</u>, etc.

Las notas reciben los mismos nombres porque su sonido es muy semejante, a pesar de ser más agudas o graves. Toque **«g»** en la 1.ª cuerda detrás del 3.er traste y compárelo con la 3.ª cuerda al aire, que también se llama **«g»**. Estas notas son muy similares a pesar de que la de la 3.ª cuerda tiene un sonido más grave.

(En esta parte del libro, los símbolos de las notas van en letras «minúsculas negritas», a fin de que los principiantes no los confundan con los símbolos de los acordes.)

COMO SE ESCRIBEN LAS NOTAS

Las notas se escriben sobre un pentagrama que tiene 5 líneas. Cada una de las notas tiene un lugar en una de las líneas *o* en uno de los espacios: una nota está sobre la línea, la nota superior en el espacio de arriba, etc. (Importante: las líneas *no* guardan relación con las cuerdas de la guitarra.)

Al principio de cada línea de música que puede tocarse en la guitarra hay un signo (ϕ) llamado «clave de G en segunda línea». Esta clave señala la posición de la nota **«g»** en la segunda línea.

CLAVE DE G
EN SEGUNDA
LINEA

POSICION DE
LA NOTA «g» EN
LA SEGUNDA LINEA

Si puede recordar la posición de la nota **«g»** puede averiguar las otras notas a partir de ella:

«g» está en la segunda línea, **«a»** en el espacio superior, **«b»** en la línea central, etc. En la otra dirección, **«f»** está en el espacio inferior a **«g»** y **«e»** en la línea de abajo.

LAS NOTAS AGUDAS EN LA
PARTE SUPERIOR DEL PENTAGRAMA

LAS NOTAS GRAVES EN LA
PARTE INFERIOR DEL PENTAGRAMA

Así es como aparecen estas notas en la música:

Los «rabos» de las notas pueden ir hacia arriba ♩, o hacia abajo ⌐, sin que ello implique ninguna diferencia para las notas.

Descubra los nombres de las notas del siguiente pentagrama y escriba el nombre debajo con un lápiz. Luego toque la melodía. (Ya ha tocado estas notas en la 1.ª y 2.ª cuerdas. Vea la página 31.)

Como ya sabe por las melodías que ha tocado, algunas notas duran más tiempos que otras. En música, la forma de una nota nos indica los tiempos que ha de durar.

♩ es una negra. Suele durar un tiempo.
♩ es una blanca. Suele durar dos tiempos.
○ es una redonda. Suele durar cuatro tiempos.

Puede contar los tiempos y encajarlos en las notas que está contando, de igual modo que ha hecho con las melodías que ha estado tocando.

CADA NEGRA TIENE ESTA DURACION   CADA BLANCA TIENE ESTA DURACION   CADA REDONDA TIENE ESTA DURACION

ALGUNAS NOTAS DE LAS CUERDAS 1.ª 2.ª Y 3.ª

Toque estas notas una detrás de otra. Ya las conoce casi todas.

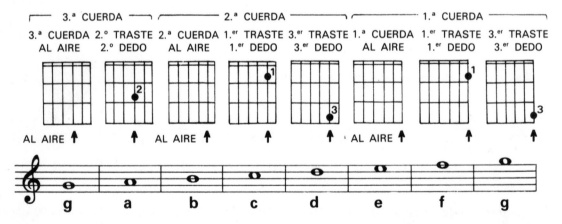

Trate de tocar esta pequeña melodía. (Recuerde que no debe pararse ni detenerse en las «barras divisorias».)

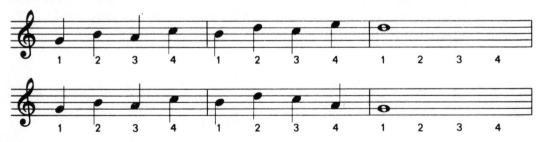

40

SUR LE PONT D'AVIGNON, canción popular francesa.

Toque esta melodía practicando la lectura de música. Puede practicar también los acordes, cuyos nombres pueden verse arriba de la música.

Observe que la segunda línea es casi igual que la primera: sólo el final es diferente. Busque siempre la parte de la música que se repite, pues se ahorrará el tener que descifrarla más de una vez.

¿Toca correctamente?

Compruebe con regularidad su modo de tocar para evitar el adquirir malos hábitos:

¿Coge la guitarra correctamente? Vea la página 19.

¿Mantiene su mano derecha la posición correcta? Ver páginas 20 y 21.

¿Está el pulgar izquierdo en la posición correcta? ¿Lo mantiene recto cuando toca? Ver página 23.

¿Están los dedos de la mano izquierda curvados y cerca de las cuerdas cuando está tocando? Ver página 23.

¿Utiliza el dedo correcto detrás de cada traste para cada nota? Ver página 26.

¿Toca de modo uniforme, sin aceleraciones ni retenciones?

¿Está afinada su guitarra? ¿Lo comprueba antes de tocar?

¿Se acuerda de limpiar las cuerdas después de tocar? Ver página 16.

¿Guarda la guitarra en un lugar seguro? Ver página 16.

Vuelva a leer cualquier parte del libro que no entendiera.

Más acordes que puede tocar:
F, Am, Dm, E7

Algunas melodías pueden tocarse con sólo dos acordes, pero lo habitual es necesitar por lo menos tres. El acorde siguiente se encuentra en muchas melodías.

EL ACORDE DE F
En este acorde el, 1.er dedo presiona dos cuerdas a la vez, exactamente como las notas **«f»** y **«c»** que tocó juntas antes.

El acorde de F se hace así:

1. Ponga el 1.er dedo sobre las cuerdas 1.ª y 2.ª detrás del 1.er traste. (Debe quedar aplastada sobre las cuerdas la almohadilla del dedo.)

2. Arquee el 2.º dedo sobre la 3.ª cuerda detrás del 2.º traste. Tenga cuidado en no tocar la 2.ª cuerda.

3. Añada el 3.er dedo detrás del 3.er traste en la 4.ª cuerda.

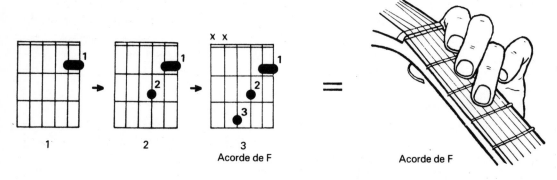

Acorde de F   Acorde de F

Cuando haya situado los dedos, apriete el pulgar izquierdo sobre la parte trasera del cuello y toque el acorde de F empezando por la 4.ª cuerda.

El signo «x» sobre las cuerdas 5.ª y 6.ª significa que éstas no deben sonar en el acorde de F.

Practique este acorde un poco cada vez que toca. Al principio no obtendrá siempre un sonido claro en todas las cuerdas, pero siga intentándolo y logrará tocarlo en poco tiempo.

La importancia de este acorde está en que es un paso hacia una ejecución más avanzada de la guitarra.

El acorde de F y el de C suelen encontrarse juntos en muchas melodías. Practique el cambio de uno a otro de este modo:

1. Ponga sus dedos en la posición del acorde de C y tóquelo.

2. Relaje el pulgar y los dedos izquierdos, pero manteniendo la posición.

3. Tuerza la mano ligeramente de modo que la almohadilla del 1.er dedo presione las cuerdas 1.ª y 2.ª y mueva los dedos 2.º y 3.º a las cuerdas 3.ª y 4.ª Toque entonces el acorde de F.

Para volver al acorde de C, relaje la mano y gírela en la dirección contraria, y al mismo tiempo mueva sus dedos 2.º y 3.º sobre una cuerda cada vez.

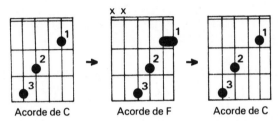

Acorde de C → Acorde de F → Acorde de C

Los acordes que ha aprendido hasta ahora se llaman «acordes mayores», pero hay otra serie de acordes completamente diferente que se llama «acordes menores». Estos últimos se hacen con unas notas ligeramente diferentes, pero el sentimiento que producen es verdaderamente distinto. Los acordes menores suelen considerarse tristes, pero también pueden ser excitantes o alegres, dependiendo de cómo se utilicen. Con frecuencia, los encontrará junto a acordes mayores para añadir interés al acompañamiento de una melodía.

Los acordes mayores suelen conocerse sólo con el nombre de la nota: «C mayor» suele escribirse «C». En los acordes menores se añade una «m» minúscula después del nombre de la nota: «A menor» suele escribirse «Am».

Trate de tocar los siguientes acordes menores y el acorde E7, que suele encontrarse con ellos. Estos acordes deberán resultarle fáciles ahora, en tanto en cuanto utilice la digitación correcta. No debe tocar la 6.ª cuerda con el acorde de D menor, pues no sonará correctamente.

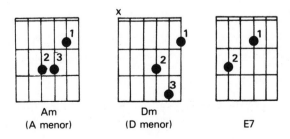

Am
(A menor)

Dm
(D menor)

E7

Cambio de acordes

Antes de proseguir, toque todos los acordes que ha aprendido hasta ahora.

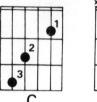  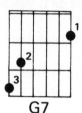   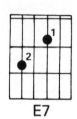

| C | F | G7 | Am | Dm | E7 |

Trate de mover todos los dedos al mismo tiempo y cambie de acorde con un movimiento ininterrumpido. Relaje el pulgar entre los diferentes acordes.

Mantenga un momento cada acorde antes de pasar al siguiente, y compruebe si alguno de los dedos permanece en la misma posición o forma.

C y G7 tienen la misma forma, pero los dedos descansan sobre cuerdas diferentes. E7 y A menor son similares, pero E7 utiliza un dedo menos y los dedos sólo se mueven sobre una cuerda.

Deje el 1.er dedo sobre la 1.ª cuerda cuando cambie de F o D menor a G7, etc.

Cambie los acordes lentamente al principio, contando uniformemente. Mantenga los golpes de los pies, y con la mano derecha toque una pulsación uniforme, sin retenerse.

Cuando pueda tocar las «secuencias de acordes» siguientes ininterrumpidamente, sabrá ya cómo hacer cambios de acordes para cientos de melodías:

| C | / | F | / | | C | / | G7 | / | | C | / | F | / | | G7 | / | C | / ||
| 1 | 2 | 3 | 4 | | 1 | 2 | 3 | 4 | | 1 | 2 | 3 | 4 | | 1 | 2 | 3 | 4 |

Acordes menores mezclados con acordes mayores:

| C | / | Am | / | | Dm | / | G7 | / | | C | / | Dm | / | | G7 | / | C | / ||
| 1 | 2 | 3 | 4 | | 1 | 2 | 3 | 4 | | 1 | 2 | 3 | 4 | | 1 | 2 | 3 | 4 |

Los acordes menores tienen aquí un sentimiento diferente:

| Am | / | Dm | / | | E7 | / | / | / | | Am | / | Dm | / | | E7 | / | Am | / ||
| 1 | 2 | 3 | 4 | | 1 | 2 | 3 | 4 | | 1 | 2 | 3 | 4 | | 1 | 2 | 3 | 4 |

Ahora los seis acordes juntos:

| C | / | E7 | / | | Am | / | F | / | | Dm | / | G7 | / | | C | / | / | / ||
| 1 | 2 | 3 | 4 | | 1 | 2 | 3 | 4 | | 1 | 2 | 3 | 4 | | 1 | 2 | 3 | 4 |

Más conocimientos de música

Al principio de toda pieza musical escrita hay dos números o un signo: C . Son los signos del compás, que nos indican cuántos tiempos hay que contar en cada compás. (Un compás es el espacio entre dos barras divisorias.)

Si el número superior es «3», habrá 3 tiempos:

Trate de tocar los acordes mientras cuenta tres tiempos por compás. Haga el primer tiempo del compás más fuerte que los otros dos:

Las melodías que ha tocado hasta ahora en este libro tenían 4 tiempos. Esta música tendría "C" (para el compás de subdivisión binaria) o $\frac{4}{4}$ al principio:

NOTAS CON PUNTILLOS

Un puntillo detrás de una nota significa que debe tener la duración que le corresponde, más la mitad:

LA BLANCA DURA 2 TIEMPOS   LA BLANCA CON PUNTILLO DURA 3 TIEMPOS

NOTAS LIGADAS

Con frecuencia, las notas se hacen más largas porque se unen a la nota siguiente por medio de una línea curva llamada «ligadura». La primera nota dura entonces el número total de tiempos de las notas «ligadas»:

LA NOTA TIENE ESTA DURACION   LA NOTA TIENE ESTA DURACION

Esto sólo se aplica si la siguiente nota tiene el mismo nombre y posición.

En las melodías de las dos páginas siguientes se encuentran todos estos signos musicales.

ALGUNAS NOTAS SOBRE LAS CUERDAS 4.ª, 5.ª Y 6.ª

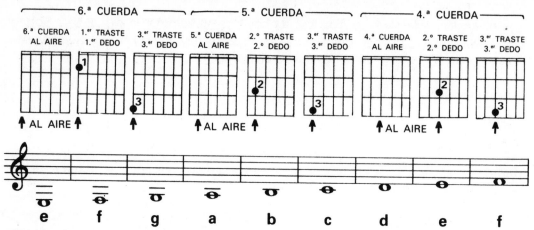

e f g a b c d e f

Las notas de la 4.ª cuerda nos llevan a la parte inferior del pentagrama, por lo que las de las cuerdas 5.ª y 6.ª se escriben sobre líneas cortas llamadas «líneas adicionales» que suministran líneas y espacios extras bajo el pentagrama. Las notas sobre líneas adicionales pueden averiguarse del mismo modo que las otras: **«d»** está en el espacio inferior al pentagrama, por lo que **«c»** estará en la línea adicional inferior, **«b»** en el espacio bajo la primera línea adicional, etc. Estudie estas notas en el diagrama de la parte superior de esta página, hasta que las conozca.

Toque las notas de las cuerdas 4.ª, 5.ª y 6.ª, diciendo el nombre de cada una mientras la toca. Toque luego la melodía siguiente. Cuando la conozca, tararéela para sí mismo mientras toca los acordes. Tiene 3 pulsaciones o tiempos por compás.

TUM BALALAIKA, canción popular en *yiddish.*

NOTAS QUE YA DEBERIA CONOCER

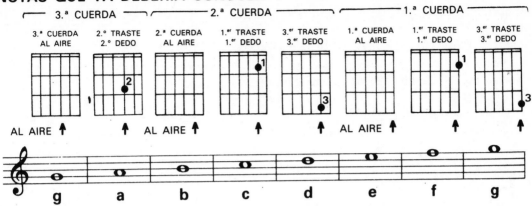

Toque las melodías de esta página y la siguiente para practicar la lectura de música y la ejecución de acordes. Se incluye la letra de las canciones para que pueda cantar acompañándose de acordes si lo desea. Si no recuerda alguna de las notas, mírela en los diagramas de la parte superior de esta página.

DOWN IN THE VALLEY, canción popular americana.

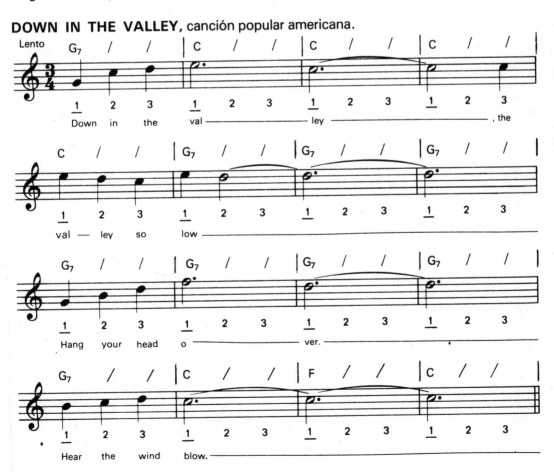

Estudie estas melodías antes de tocarlas y vea cuántas notas recuerda. Habrá conseguido mucho si recuerda la mayor parte de ella. Si no está seguro de cuáles son las notas, mírelas en los diagramas de las páginas 46 y 47. Practique primero tocando la melodía y luego el acompañamiento de acordes.

YANKEE DOODLE, canción popular americana.

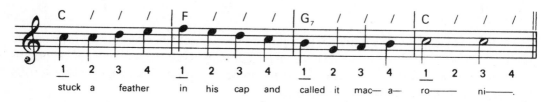

EARLY ONE MORNING, canción popular inglesa.

¿Debe tocar con púa?

El que necesite o no aprender o tocar con púa depende de la música que quiera tocar y del tipo de guitarra que tenga. Normalmente, la púa sólo se usa en las guitarras con cuerdas de acero para ciertas maneras de tocar. Las púas no son convenientes para las guitarras con cuerdas de nailon ni para la música que se suele tocar con ellas, y además puede dañar las cuerdas.

Los estilos de la guitarra solista y la rítmica (eléctrica y acústica) suelen tocarse con púa. Por tanto, si toca una guitarra con cuerdas de acero y quiere unirse cuando pueda a un grupo o banda, debería aprender a utilizarla.

La música «folk», la «country» y los «blues» suelen tocarse con púa, pero también en esos tipos de música necesita tocar «digitalmente». Por regla general, la música de guitarra con púa puede tocarse de todos los modos. Si tiene una guitarra de cuerdas de acero debería aprender a tocar de ambas formas: con una púa y con el pulgar y los dedos de la mano derecha.

Si decide aprender a tocar con púa, elija una de tamaño y peso medios, no demasiado flexible ni demasiado rígida. Las púas suelen estar hechas de plástico o caparazón de tortuga. En su tienda de música podrán ofrecerle una selección. No son caras, por lo que puede probar de uno o dos tipos y comprar un juego.

Sostenga la púa firmemente entre el pulgar derecho y el 1.er dedo, como se ve en el dibujo. Toque notas de una en una del mismo modo que las tocaba con el pulgar. Toque directamente hacia abajo sobre la cuerda, con la fuerza suficiente para obtener una nota clara, y deje que la púa descanse sobre la cuerda siguiente. Cuando toque acordes, deje deslizar la púa sobre las cuerdas sin que profundice entre ellas. Trate de conseguir un sonido de acorde claro e ininterrumpido, sin ruidos por el choque de la púa y la cuerda, y tenga cuidado de no arañar la tapa delantera de la guitarra.

Intente tocar con una púa las melodías y acordes que ha aprendido.

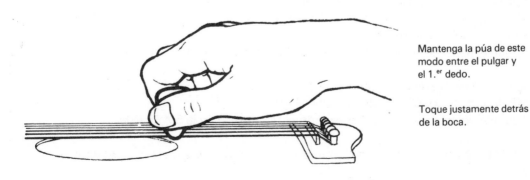

Mantenga la púa de este modo entre el pulgar y el 1.er dedo.

Toque justamente detrás de la boca.

Conviértase en su propio bajista

Los acompañamientos de acordes solos como los que ha estado tocando son válidos para muchas canciones y no sirven sólo para principiantes. Esos acompañamientos suenan bien en un grupo o banda que tenga un bajista, pero si toca solo pueden llegar a resultar aburridos cuando se tocan en todas las canciones. Puede hacer más variada su música convirtiéndose en su propio bajista:

Ponga sus dedos en posición para un acorde de C.
1. Mantenga el acorde de C y puntee la 5.ª cuerda, dejando que el pulgar o púa descansen sobre la 4.ª cuerda.
2. Toque el resto del acorde rasgueando con el pulgar o púa de forma ininterrumpida y rápida sobre las cuerdas 4.ª, 3.ª, 2.ª y 1.ª

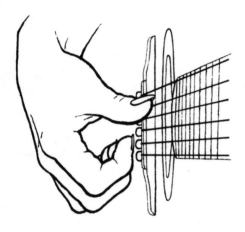

1. El pulgar puntea la cuerda de bajos y descansa sobre la cuerda siguiente.

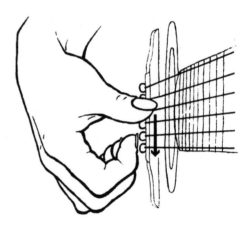

2. El pulgar toca el acorde rasgueado ininterrumpidamente sobre las restantes cuerdas.

Inténtelo ahora con los otros acordes:

Ponga sus dedos en posición para el acorde de F.
1. Mantenga el acorde y puntee la 4.ª cuerda. (Su pulgar o púa deberá descansar esta vez sobre la 3.ª cuerda.)
2. Toque el resto del acorde, empezando el rasgueado en la 3.ª cuerda.

Ponga sus dedos en la posición del acorde de G7.
1. Mantenga el acorde y puntee la 6.ª cuerda.
2. Toque el resto del acorde, empezando el rasgueado en la 5.ª cuerda.

Finalmente, vuelva al acorde de C, puntee la 5.ª y toque luego el resto del acorde.

Lo que acaba de tocar puede indicarse de este modo:

(El número le indica la cuerda que ha de puntear; y la flecha, que el pulgar o la púa ha de tocar el resto de las cuerdas.)

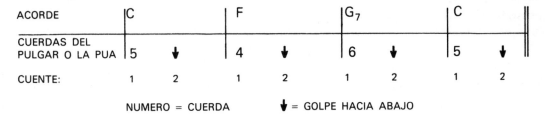

ACORDE	C		F		G₇		C	
CUERDAS DEL PULGAR O LA PUA	5	↓	4	↓	6	↓	5	↓
CUENTE:	1	2	1	2	1	2	1	2

NUMERO = CUERDA   ↓ = GOLPE HACIA ABAJO

Coloque siempre los dedos en la posición del acorde *antes* de tocar la nota de bajos.

Ha estado tocando un ritmo de dos pulsaciones. El ritmo de tres pulsaciones tiene una sola nota de bajos, seguida por *dos* rasgueados tocados con el pulgar o la púa. Inténtelo. Cuente lentamente y golpee con el pie al tiempo con la pulsación.

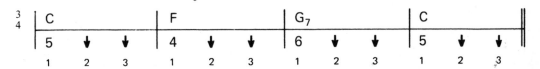

³⁄₄	C			F			G₇			C		
	5	↓	↓	4	↓	↓	6	↓	↓	5	↓	↓
	1	2	3	1	2	3	1	2	3	1	2	3

La nota de bajos más importante para un acorde es la que tiene el mismo nombre que el acorde. Aquí toco una nota de bajos C con el acorde de C; una F con el de F, y una G con el de G.

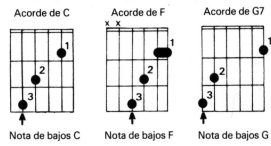

Acorde de C   Acorde de F   Acorde de G7

Nota de bajos C   Nota de bajos F   Nota de bajos G

Si necesita otra nota de bajos antes de cambiar al acorde siguiente, puede elegir otra nota del acorde. Intente esto:

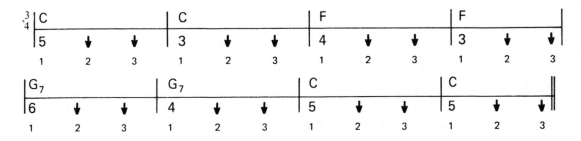

³⁄₄	C			C			F			F		
	5	↓	↓	3	↓	↓	4	↓	↓	3	↓	↓
	1	2	3	1	2	3	1	2	3	1	2	3
	G₇			G₇			C			C		
	6	↓	↓	4	↓	↓	5	↓	↓	5	↓	↓
	1	2	3	1	2	3	1	2	3	1	2	3

«Down in the Valley» gana interés si se toca con notas de bajos. Vuelva a la página 47 y toque la melodía para fijarla en su mente. Toque luego la nota de bajos y el acompañamiento de acordes que se indica aquí. Cante o diga las palabras de la canción al tiempo que toca. ($\frac{3}{4}$ significa 3 pulsaciones o tiempos por compás.)

DOWN IN THE VALLEY. Notas de bajos con acordes.

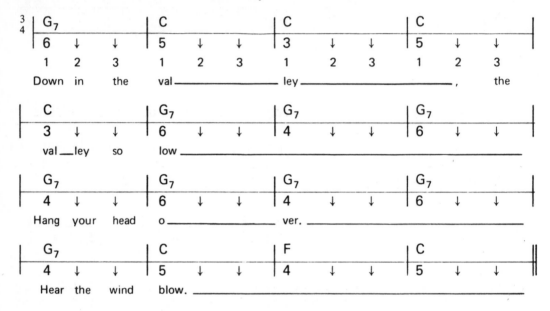

LOS RITMOS DE CUATRO PULSOS O TIEMPOS ($\frac{4}{4}$) suelen ser: nota de bajos— acorde—nota de bajos—acorde: (Cuente 1 2 3 4 1 2 3 4, etc.)

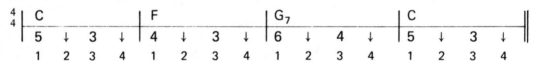

Toque los acordes de A menor y D menor con las notas de bajos que se ven aquí:

$\frac{4}{4}$	C			Am			Dm			G$_7$			C		
	5 ↓ 3 ↓			5 ↓ 6 ↓			4 ↓ 5 ↓			6 ↓ 4 ↓			5 ↓ 3 ↓		
	1 2 3 4			1 2 3 4			1 2 3 4			1 2 3 4			1 2 3 4		

Algunos ritmos de 4 pulsaciones o tiempos tienen una nota de bajos seguida por tres acordes:

$\frac{4}{4}$	C			Am			Dm			G$_7$			C		
	5 ↓ ↓ ↓			5 ↓ ↓ ↓			4 ↓ ↓ ↓			6 ↓ ↓ ↓			5 ↓ ↓ ↓		
	1 2 3 4			1 2 3 4			1 2 3 4			1 2 3 4			1 2 3 4		

Toque las notas de bajos y acompañamientos de acordes de las canciones que aparecen en este libro. Tenga cuidado de utilizar siempre el ritmo adecuado para cada melodía: si la melodía tiene 3 pulsos, o tiempos, toque un ritmo de 3 pulsos, etc.

El punteado con el pulgar es adecuado para las canciones lentas, pero hay otro medio mejor de tocar la nota de bajos con acompañamiento de acorde: con el 1.er dedo y el pulgar. Las notas de bajos siguen punteándose con el pulgar, pero los acordes se tocan con la uña del 1.er dedo. Esta técnica puede utilizarse de muchos modos diferentes para que su ejecución sea más versátil e interesante. Es, además, más rápido y preciso que utilizar sólo el pulgar. Si toca una guitarra de cuerdas de acero, puede conseguir casi el mismo efecto con una púa, pero debería aprender a tocar también con el pulgar y los dedos, pues es un paso importante para el aprendizaje de la digitación.

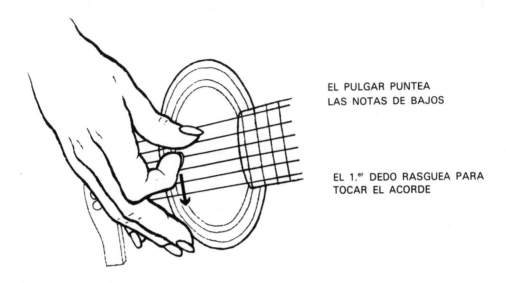

EL PULGAR PUNTEA
LAS NOTAS DE BAJOS

EL 1.er DEDO RASGUEA PARA
TOCAR EL ACORDE

Ponga la posición de un acorde de C y haga el «rasgueado» de este modo:

1. Puntee la 5.ª cuerda con el pulgar.
2. Toque el resto del acorde rasgueando con el 1.er dedo rápidamente hacia abajo, sobre las cuerdas 4.ª, 3.ª, 2.ª y 1.ª
3. Puntee la 3.ª cuerda con el pulgar.
4. Toque el resto del acorde con el 1.er dedo.

La parte superior de la mano no debe moverse cuando el 1.er dedo y el pulgar tocan las cuerdas. Toque ahora esto:

↓ = 1.er DEDO HACIA ABAJO

$\frac{4}{4}$	C			F			G$_7$			C		
1.er DEDO		↓	↓		↓	↓		↓	↓		↓	
CUERDA DEL PULGAR	5	3		4	3		6	4		5		
	1	2	3	4	1	2	3	4	1	2	3	4	1	2

Practique el «rasgueado» con las canciones que ha aprendido.

El rasgueado hacia abajo tocado por el 1.er dedo funciona muy bien como acompañamiento para muchas canciones. Sin embargo, si toca en un grupo o con algunos cantantes, es posible que desee que el acompañamiento sea más fuerte. Si es así, toque los rasgueados de los acordes con todos los dedos juntos, en lugar de utilizar el 1.er dedo solo.

RASGUEADOS DE ABAJO ARRIBA

Se consigue un efecto diferente tocando los rasgueados hacia abajo y luego hacia arriba después de cada nota de bajos. El 1.er dedo rasguea hacia abajo, como antes, y luego toca de nuevo las mismas cuerdas en dirección hacia arriba.

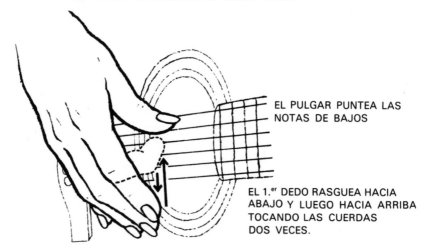

EL PULGAR PUNTEA LAS NOTAS DE BAJOS

EL 1.er DEDO RASGUEA HACIA ABAJO Y LUEGO HACIA ARRIBA TOCANDO LAS CUERDAS DOS VECES.

Antes de tocar estos ejemplos, cuente para obtener el ritmo correcto. Cuente lentamente al principio y golpee con el pie al tiempo con el pulso del compás. (No debe golpear con el pie en «&» porque cae entre los pulsos o tiempos.

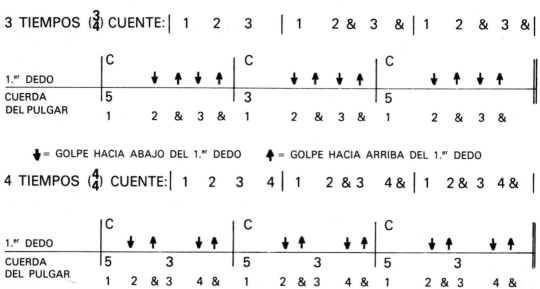

3 TIEMPOS (3/4) CUENTE: | 1 2 3 | 1 2 & 3 & | 1 2 & 3 & |

| = GOLPE HACIA ABAJO DEL 1.er DEDO | = GOLPE HACIA ARRIBA DEL 1.er DEDO

4 TIEMPOS (4/4) CUENTE: | 1 2 3 4 | 1 2 & 3 4 & | 1 2 & 3 4 & |

BEAUTIFUL, BEAUTIFUL BROWN EYES, canción popular americana.

Esta melodía puede tocarse con rasgueados de abajo-arriba o con rasgueados hacia abajo. Toque primero la melodía para saber cómo es; toque luego el acompañamiento. Las notas que no pueda recordar, mírelas en las páginas 46 y 47.

Cómo tocar melodías por medio de acordes

Los esquemas de rasgueados pueden adaptarse para tocar algunas melodías acompañadas por sus acordes. Este sistema no sirve para todas las canciones, pero este estilo, cuando se toca bien, suena casi como si estuvieran tocando dos guitarras.

En la siguiente canción, las notas de bajos son reemplazadas por las de la melodía. Puntee las cuerdas indicadas y tocará la melodía. Toque los rasgueados de los acordes con más suavidad de la normal, con el fin de que la melodía sobresalga por encima del acompañamiento. Acuérdese de poner los dedos en la posición de cada acorde antes de puntear la cuerda indicada. (Si toca con púa, trate de tocar esta melodía de ambos modos: toque la melodía y los acordes y luego vuelva a tocar con el pulgar y el 1.er dedo.)

JOHNNY TODD, una canción de marinos inglesa.

Enérgicamente

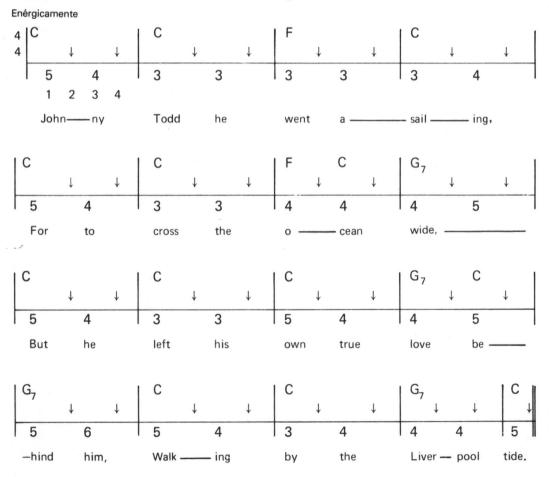

56

«Johnny Todd» es una canción sencilla de tocar con rasgueados, porque todas las notas de la melodía se hallan dentro de los acordes. Hay otras canciones similares, pero la mayor parte de ellas necesitan notas que no están en los acordes. Esas notas suelen poder tocarse quitando un dedo del acorde, o poniéndolo en una cuerda diferente, o cambiando ligeramente el esquema del rasgueado para meter más notas.

Practique este diferente esquema de rasgueado. Sólo hay un rasgueado en cada compás, pero hay tres notas de melodía o de bajos:

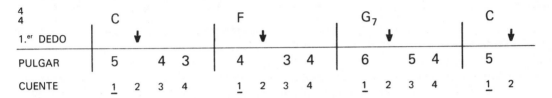

$\frac{4}{4}$		C				F				G_7				C	
1.er DEDO			↓				↓				↓				↓
PULGAR		5		4	3	4		3	4	6		5	4	5	
CUENTE		1	2	3	4	1	2	3	4	1	2	3	4	1	2

Intente ahora este «paso» que lleva del acorde de C al de F.
El 2.º dedo se quita del acorde de C durante una nota y se vuelve a poner en la siguiente. (Mueva el dedo en las «líneas punteadas».)

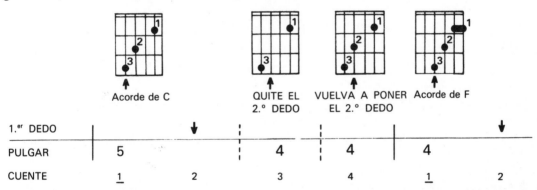

Acorde de C   QUITE EL   VUELVA A PONER   Acorde de F
                     2.º DEDO   EL 2.º DEDO

1.er DEDO			↓				↓
PULGAR		5		4	4	4	
CUENTE		1	2	3	4	1	2

Este estilo de tocar puede escribirse con un sistema simple utilizado por muchos guitarristas y profesores de guitarra:

Se dan, como de costumbre, los números de las cuerdas para las notas que están en los acordes. Las notas que van a cambiarse se indican con un número pequeño junto al número de la cuerda. Esto da el traste en que se va a tocar la nota:

4^0 = 4.ª cuerda al aire 4^2 = 4.ª cuerda en el 2.º traste, etc.

El paso que acaba de tocar podría escribirse así:

		C				F	
1.er DEDO			↓				↓
PULGAR		5		4^0	4^2	4	
		1	2	3	4	1	2

El 2.º dedo se levanta o reemplaza para tocar las notas de los pasos de esta página y la canción de la siguiente, de este modo:

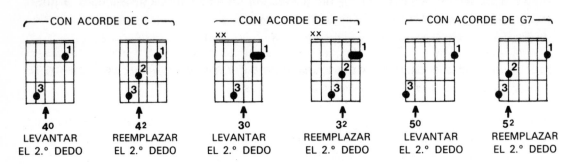

CON ACORDE DE C		CON ACORDE DE F		CON ACORDE DE G7	
4⁰	4²	3⁰	3²	5⁰	5²
LEVANTAR EL 2.º DEDO	REEMPLAZAR EL 2.º DEDO	LEVANTAR EL 2.º DEDO	REEMPLAZAR EL 2.º DEDO	LEVANTAR EL 2.º DEDO	REEMPLAZAR EL 2.º DEDO

Aquí hay algunos pasos con notas de bajos que se suelen tocar juntos. Ya ha tocado el primer paso: del acorde de C al de F. El otro es de G7 al de C. Estos pasos suelen llevar de un acorde al siguiente en los acompañamientos de rasgueados y cuando se toca la melodía.

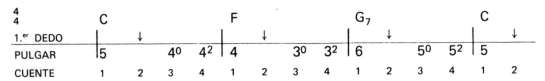

Hay otro esquema de rasgueado adecuado para acompañamientos y melodías:

1   2 & 3 & 4 &   PULGAR   ABAJO-ARRIBA   PULGAR-ARRIBA   PULGAR-ARRIBA

El rasgueado debería tocar sólo las cuerdas 3.ª, 2.ª y 1.ª (Recuerde: ↓ = 1.er dedo hacia abajo en rasgueado, ↑ = 1.er dedo en rasgueado hacia arriba.)

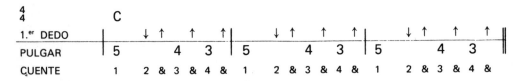

Practique este esquema unos minutos cada día. Cuando pueda tocarlo con uniformidad, trate de hacerlo con los pasos de bajos:

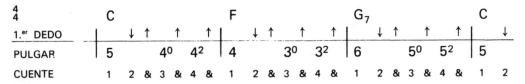

La melodía siguiente puede tocarse con cualquiera de los esquemas de rasgueado que se ven en la página de enfrente. Si al principio quiere tocar el esquema más simple, ignore todos los golpes hacia arriba (indicados con una flecha que señala hacia arriba), pero más tarde aprenda la versión más avanzada.

Observe que las líneas 1.ª y 3.ª de esta melodía son las mismas. En el tercer compás de cada línea cambia el esquema de rasgueado para dar más variedad. (Este esquema se explica en la parte inferior de la página 54.)

En esta melodía sólo se indican los nombres de los acordes cuando éstos cambian: el acorde de C se toca en los dos primeros compases, el de F en los otros dos, etc. Así es como se indican casi siempre los acordes.

IT'IS HARD, YES IT'S HARD, canción popular americana.

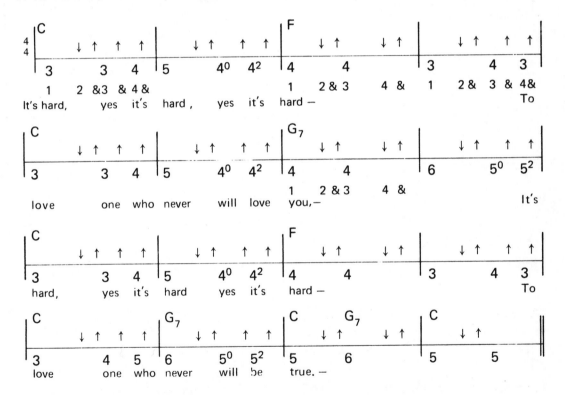

Las notas que no tienen texto debajo son «rellenos» y pasos que unen las frases separadas de la melodía para que el efecto sea continuo. Cuando la melodía es cantada, es ahí donde el cantante respiraría, mientras el acompañamiento haría el «rellano». Esas notas debe tocarlas con más suavidad.

Más acordes: G, B7, Em y D

Es momento ya de empezar a practicar acordes que utilicen el dedo 4.º (meñique) para que sea capaz de tocarlos cuando los necesite. Practíquelos un poco cada día y pronto verá que no son más difíciles que los otros.

El acorde de G es similar el de G7, pero tiene el 4.º dedo sobre la 1.ª cuerda detrás del 3.er traste. Ponga el acorde de G7, añada el dedo 1.º en la 1.ª cuerda, quite el dedo 1.º y toque el acorde de G. Inténtelo unas cuantas veces y relaje luego la mano.

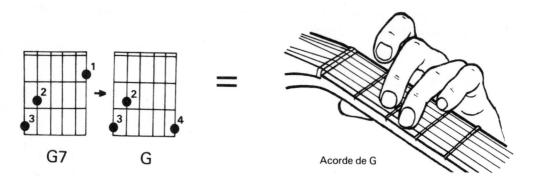

G7   G   Acorde de G

Cuando pueda hacerlo, trate de ponerlo directamente. Sitúe los dedos 2.º y 3.º y añada luego el 4.º

Trate de cambiar del acorde de C al de G, y viceversa: deje en el mismo lugar los dedos 2.º y 3.º

Algunas personas toncan el acorde de G sin utilizar el 4.º dedo, pero esto no es recomendable si desea pasar del estadio básico.

«B7» es otro acorde que se toca con el 4.º dedo. Ponga los dedos en esta posición:

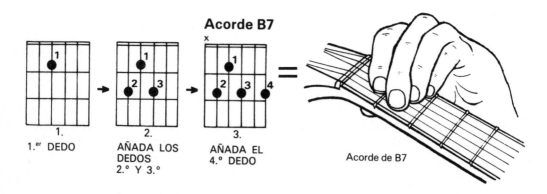

Acorde B7

1.   2.   3.
1.er DEDO   AÑADA LOS   AÑADA EL   Acorde de B7
                  DEDOS   4.º DEDO
                  2.º Y 3.º

En el acorde de B7 no debe tocarse la 6.ª cuerda.

60

Aquí hay otros dos acordes que puede practicar. Asegúrese de usar la digitación correcta para cada acorde, pues afectará a su ejecución en el futuro.

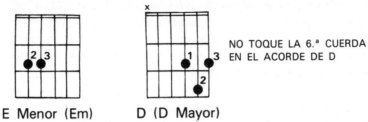

NO TOQUE LA 6.ª CUERDA
EN EL ACORDE DE D

E Menor (Em)   D (D Mayor)

Asegúrese siempre de que toca las cuerdas adecuadas. Nunca debe tocar un acorde menor en lugar de uno mayor del mismo nombre. El acorde de D menor no es el mismo que el de D mayor. Tóquelos ambos y fíjese en la diferencia. Toque estas secuencias de acordes para practicar el cambio:

| G / Em / | Am / D / | G / C / | D / G / ‖

| Em / D / | C / B_7 / | Em / Am / | B_7 / Em / ‖

La guitarra rítmica

Este estilo de tocar proporciona ritmo y acordes de acompañamiento a otros instrumentos y cantantes en los grupos y bandas. También es adecuado para el cantante-guitarrista que quiere acompañamientos de acordes fuertes en algunas canciones.

Si consiguió tocar todos los esquemas de rasgueado, los ritmos que se muestran aquí le resultarán fáciles. Practíquelos y luego tóquelos con las melodías y secuencias de acordes que ha aprendido. No se necesitan notas de bajos; toque sólo los rasgueados de acordes con el pulgar o púa. Utilice esquemas de $\frac{4}{4}$ para las melodías de cuatro tiempos, y de $\frac{3}{4}$ para las melodías de 3. Cuente en voz alta y toque cada esquema una y otra vez para sentir los diferentes ritmos.

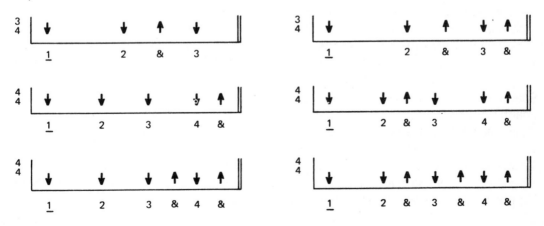

Cómo empezar a puntear

El punteado es un estilo de tocar versátil y popular. Proporciona acompañamientos atractivos y agradables y melódicos solos de guitarra. Puede parecer muy complicado cuando se ve a alguien que lo toca, pero sólo es un poco más avanzado que el estilo de rasgueado... si lo aprende poco a poco y practica cada esquema hasta que pueda ejecutarlo uniforme y correctamente.

El pulgar toca un esquema regular de notas de bajos o de melodía (igual que en los rasgueados), mientras que los otros dedos puntean o pellizcan otras cuerdas para proporcionar las notas de acompañamiento o melodía. El pulgar puntea hacia abajo y los otros hacia arriba.

Es esencial que la posición de la mano derecha sea buena. La mano ha de estar relajada, pero no suelta.

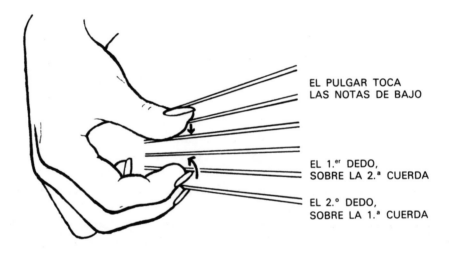

EL PULGAR TOCA
LAS NOTAS DE BAJO

EL 1.er DEDO,
SOBRE LA 2.ª CUERDA

EL 2.º DEDO,
SOBRE LA 1.ª CUERDA

Descanse el pulgar en la 5.ª cuerda dispuesto a tocar la nota de bajos.
Coloque la punta del dedo PRIMERO sobre la 2.ª cuerda.
Coloque la punta del dedo SEGUNDO sobre la 1.ª cuerda.
Sus dedos deberán estar curvados y relajados. Asegúrese de que cada dedo se encuentra sobre la cuerda correcta. (¡El dedo SEGUNDO debe estar sobre la 1.ª cuerda!)

Mantenga la mano derecha en su lugar y ponga la posición del acorde de D con la mano izquierda.
1. Pulse la 5.ª cuerda con el pulgar.
2. Curve los dos dedos ligeramente, de modo que las cuerdas 1.ª y 2.ª sean tocadas simultáneamente. Después de tocar las cuerdas, los dedos deben separarse de ellas y luego moverse hacia abajo para estar dispuestos a tocar otra vez. Los dedos deben estar lo más cerca posible de las cuerdas, sin llegar a tocarlas.

Ejecute el esquema unas cuantas veces y luego trate de tocarlo dando notas de bajos alternadas con el pulgar: primero la 5.ª y luego la 3.ª:

4/4	C								
CUERDA DEL 2.º DEDO		1		1			1		1
CUERDA DEL 1.er DEDO		2		2			2		2
CUERDAS DEL PULGAR	5		3			5		3	
CUENTE:	1	2	3	4		1	2	3	4

Este esquema puede utilizarse para algunos acompañamientos en lugar de los rasgueados.

En el esquema siguiente, cada dedo puntea separadamente. Ponga el pulgar y los dedos en su lugar antes de empezar. (Ponga el pulgar sobre la cuerda 5.ª, el dedo 1.º sobre la 2.ª, y el dedo 2.º sobre la 1.ª)
Ponga el acorde de do con la mano izquierda.

1. Puntee la 5.ª cuerda con el pulgar.
2. Puntee la 2.ª cuerda con el 1.er dedo.
3. Puntee la 1.ª cuerda con el 2.º dedo.

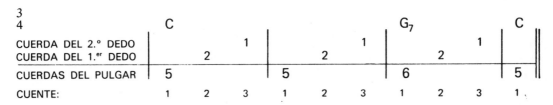

3/4	C						G₇			C
CUERDA DEL 2.º DEDO			1			1			1	
CUERDA DEL 1.er DEDO		2			2			2		
CUERDAS DEL PULGAR	5			5			6			5
CUENTE:	1	2	3	1	2	3	1	2	3	1

Cambie al acorde de G7 con una nota de bajos diferentes en el tercer compás.

Ahora un esquema similar con una nota extra tocada por el 1.er dedo.
Ponga el pulgar y los dedos en posición igual que antes y la posición del acorde de C.

1. Puntee la 5.ª cuerda con el pulgar.
&. Puntee la 2.ª cuerda con el 1.er dedo.
2. Puntee la 1.ª cuerda con el 2.º dedo.
&. Puntee la 2.ª cuerda de nuevo con el 1.er dedo.

Continúe tocando y contando hasta que pueda hacerlo uniformemente. Luego pruebe un esquema de acompañamiento de 4 pulsaciones con notas de bajos alternadas:

4/4	C																
CUERDA DEL 2.º DEDO			1				1			1				1			
CUERDA DEL 1.er DEDO		2		2		2		2		2		2		2		2	
CUERDAS DEL PULGAR	5				3				5				3				
CUENTE:	1	&	2	&	3	&	4	&	1	&	2	&	3	&	4	&	

¡MUY IMPORTANTE! No debe moverse la parte superior de la mano cuando el pulgar y los dedos pulsan las cuerdas. (Algunos guitarristas descansan el dedo meñique sobre el puente o la tapa de la guitarra para sujetar la mano, pero NO es un método conveniente, pues tensa la mano y puede producir calambres.)

A muchas melodías de 3 tiempos por compás les conviene a la perfección un esquema ligeramente diferente. Es similar al anterior, pero el 1.er dedo pulsa una sola vez después de la segunda nota de bajos de cada compás.

Ponga como antes los dedos y el pulgar en posición y forme el acorde de C con la mano izquierda. Lentamente, cuente 1 & 2 & 3 & antes de empezar:

$\frac{3}{4}$

		C										
CUERDA DEL 2.° DEDO			1				1				1		
CUERDA DEL 1.er DEDO			2		2		2		2		2		2		2	2	2
CUERDAS DEL PULGAR	5		3		5		3		5		3
CUENTE:		1 & 2 & 3 & 1 & 2 & 3 & 1 & 2 & 3 &

Cuando pueda tocar este esquema ininterrumpidamente, practíquelo con las secuencias de acorde que siguen. Este esquema es importante, porque encaja en muchas canciones y es necesario para varias melodías de este libro.

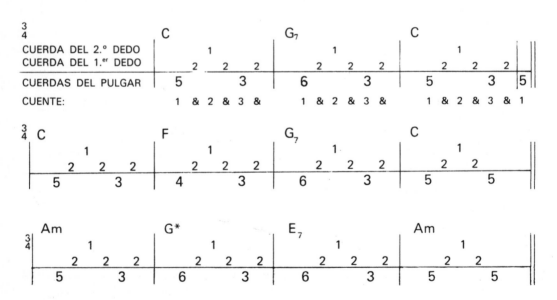

$\frac{3}{4}$

	C			G$_7$			C			
CUERDA DEL 2.° DEDO		1			1			1		
CUERDA DEL 1.er DEDO	2	2	2	2	2	2	2	2	2	
CUERDAS DEL PULGAR	5	3	6	3	5	3	5
CUENTE:	1 & 2 & 3 &	1 & 2 & 3 &	1 & 2 & 3 & 1

* Vea la página 60 si no recuerda este acorde.

Los esquemas que ha aprendido hasta ahora son adecuados, con los acordes y notas de bajos que se indican aquí, para acompañar canciones. Algunos de los esquemas pueden utilizarse también para tocar melodías si las notas de bajos que toca el pulgar se reemplazan por notas de la melodía.

La siguiente canción tiene todas las notas de la melodía en los acordes, y puede tocarse con el esquema de 3 tiempos que se indica en la página de enfrente. Introduce un acorde nuevo, el de E, que tiene la misma forma que el de «A menor», pero cada dedo pasa a la cuerda siguiente. Tenga cuidado en no confundir el acorde de E con el de E7 o E menor, pues todos son diferentes.

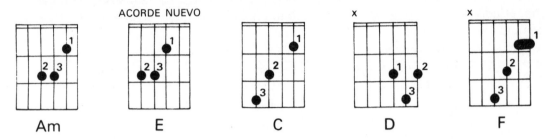

HOUSE OF THE RISING SUN. Tocar la melodía.

Toque el acompañamiento de acordes a la melodía para practicar los cambios de acordes. Luego intente puntearla. Ponga en posición el pulgar y los dedos de la mano derecha y cuente lentamente los tiempos, 1 & 2 & 3 &, antes de empezar. Puntee las cuerdas indicadas y estará tocando la melodía con el pulgar.

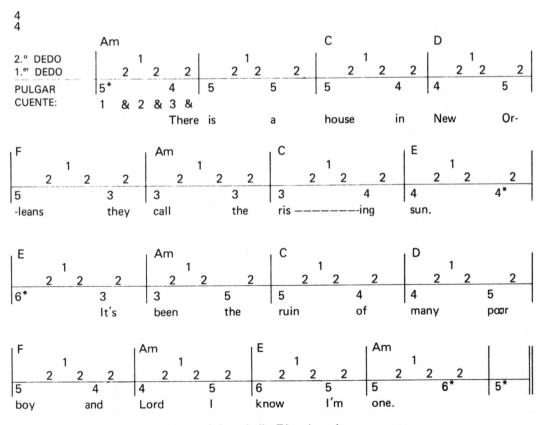

* Estas notas son «rellenos», no notas de la melodía. Tóquelas más suavemente.

Las notas de la melodía que no están en los acordes pueden tocarse con este esquema quitando un dedo del acorde o poniendo uno en otra cuerda, al igual que en los rasgueados de las páginas 57-59.

Para la melodía siguiente se necesitan unas cuantas notas diferentes. Las notas que no están en los acordes, o que se han cambiado, están marcadas con un número pequeño, al lado del número de la cuerda. Ese número indica el traste en el que hay que tocar la nota:

CON ACORDE DE C		CON ACORDE DE F		
↑ 4⁰	↑ 4²	↑ 5⁰	↑ 5³	↑ 4³
LEVANTE DEDO 2.°	REEMPLACE DEDO 2.°	5.ª CUERDA AL AIRE	PONGA EL 3.ᵉʳ DEDO SOBRE LA 5.ª CUERDA EN EL 3.ᵉʳ TRASTE	PONGA EL 3.ᵉʳ DEDO EN LUGAR SOBRE LA 4.ª CUERDA

Antes de tocar la melodía practique los dos últimos compases de la línea tercera hasta que pueda tocarlos ininterrumpidamente. Este esquema y el del último compás de la 1.ª línea se toca sólo con el pulgar y el 1.ᵉʳ dedo.

PLAISIR D'AMOUR, de Martini il Tedesco

	C			G₇			C			C		
2.° DEDO		1			1			1				
1.ᵉʳ DEDO		2	2	2	2	2	2	2	2	2	2	2
PULGAR	5		3	4		3	4		3	5	4⁰	4²
	³⁄₄ 1 & 2 & 3									1 & 2 & 3 &		

	F			C			G₇			G₇		
		1			1			1			1	
	2	2	2	2	2	2	2	2	2	2	2	2
	4		3	4		3	4		3	6		5

	F			G₇			C			F		
		1			1							
	2	2	2	2	2	2	2	2	2	2	2	2
	5⁰		5⁰	5		4	5	4⁰	4²	5⁰	5³	4³
							1 & 2 & 3 &			1 & 2 & 3 &		

	C			G₇			C			C		
		1			1			1				
	2	2	2	2	2	2	2	2	2			
	4		3	4		3	5		3	5		

Las notas importantes de la melodía están subrayadas. Tóquelas con un poco más de fuerza para que sobresalgan por encima del acompañamiento.

Más música avanzada

En muchas melodías encontrará notas que duran menos de un tiempo:

♪ es una corchea. Suele durar la mitad de un tiempo. Ya las ha tocado en los ejercicios de punteo y rasgueo: son las notas que se contaban poniendo una «&» entre cada tiempo.

♪ es una semicorchea. Dura la mitad de una corchea. Las semicorcheas se cuentan mejor si se divide cada tiempo en cuatro partes, y se cuenta así:

<u>1</u> 2 3 4 <u>2</u> 2 3 4 <u>3</u> 2 3 4 <u>4</u> 2 3 4

Las corcheas y semicorcheas suelen encontrarse unidas a otras corcheas y semicorcheas:

DOS CORCHEAS DOS SEMICORCHEAS UNA CORCHEA DOS SEMICORCHEAS

Cuente de este modo las corcheas y semicorcheas:

CORCHEAS · SEMICORCHEAS CON CORCHEAS

<u>1</u> & <u>2</u> & <u>3</u> & <u>1</u> 2 3 4 <u>2</u> 2 3 4 <u>3</u> 2 3 4

Golpee con el pie sólo en los pulsos subrayados.

MAS NOTAS CON PUNTILLOS

Recuerde que un puntillo detrás de una nota le añade la mitad de su duración.
Las negras y corcheas con puntillo se cuentan de este modo:

NEGRAS CON PUNTILLO CON CORCHEAS · CORCHEAS CON PUNTILLO CON SEMICORCHEAS

<u>1</u> & <u>2</u> & <u>3</u> & <u>4</u> & <u>1</u> 2 3 4 <u>2</u> 2 3 4 <u>3</u> 2 3 4 <u>4</u> 2 3 4

Cuente y toque todos los ejemplos de esta página: todas las notas se dan en cuerdas al aire. Para el ritmo y la melodía, emplee una púa; utilice golpes hacia abajo y hacia arriba para tocar las corcheas y semicorcheas:

<u>1</u> & <u>2</u> & <u>3</u> & <u>1</u> <u>2</u> & <u>3</u> · & <u>1</u> 2 3 4 <u>2</u> 2 3 4 <u>3</u> 2 3 4

SILENCIOS

En la mayor parte de las piezas musicales, uno o más de los cantantes o instrumentistas guarda silencio durante unos compases. Estos tiempos reciben el nombre de «silencios», y se cuentan del mismo modo que las notas:

Para los silencios, y en el final de la melodía, puede parar el sonido de las cuerdas de su guitarra tocándolas ligeramente con el borde de la mano derecha.

MAS SIGNOS DEL COMPAS

En algunas piezas musicales puede encontrar estos signos del compás: $\frac{2}{4}$ y $\frac{6}{8}$. En ese caso, cuente los pulsos de este modo:

En algunas canciones, los compases primeros y últimos no tienen el número completo de pulsos o tiempos que indica el signo del compás. Sucede así porque la melodía empieza o termina al final del primer compás. En estas melodías, cuente los pulsos o tiempos perdidos antes de empezar a tocar para conseguir el tiempo correcto.

En contar el «tiempo» consiste el secreto de descubrir lo que debe durar cada nota o silencio para que la música suene bien. Trate de contar y tocar todos los ejemplos que se indican aquí antes de pasar a las melodías de la página siguiente. Empiece siempre a contar lenta y uniformemente para entender el ritmo y la melodía antes de tratar de tocar a la velocidad correcta. Si algunas notas o acordes le hacen perder el ritmo, practíquelos hasta que pueda tocarlos a la misma velocidad que el resto de la melodía. Vuelva a leer estas páginas, y las páginas 40 y 45, si alguna vez duda de la velocidad de cualquier nota, silencio o signos del compás.

CLEMENTINE, canción popular americana.

Esta melodía empieza al final del primer compás. Cuente los pulsos o tiempos perdidos y luego cuente las corcheas y silencios. Cuando haya tocado la melodía, trate de cantar o tararearla con los rasgueados de acompañamiento de 3 pulsos que se indican en las páginas 51 ó 54.

SILENT NIGHT, villancico austriaco.

Toque la melodía de esta canción sin dejar de contar. Al final encontrará una «nota ligada». (Vea la página 45 si ha olvidado lo que eso significa.) Luego cante la melodía y toque un acompañamiento punteado con el esquema y las notas de bajos que aprendió en la página 64. Toque el esquema una vez por cada compás y cambie los acordes donde se señalan sus nombres.

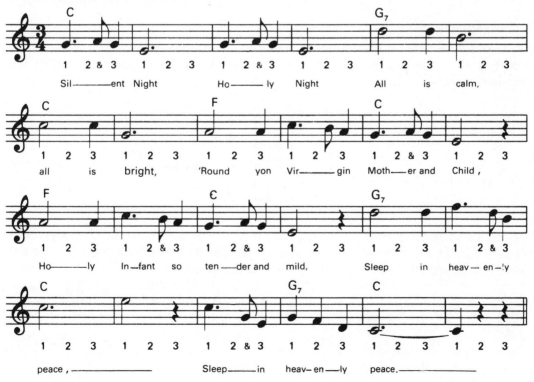

Sostenidos (♯) y bemoles (♭)

Las piezas musicales que han aparecido hasta ahora en este libro estaban denominadas con notas de las llamadas «naturales»: A, B, C, D, E, F y G. En este diagrama del diapasón puede ver todas las notas naturales que ya ha tocado:

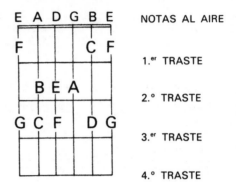

Pero en el diapasón quedan trastes en los que pueden tocarse otras notas. Estas se denominan «sostenidos» y «bemoles», y se encuentran entre la mayor parte de las notas naturales. Como puede ver en el diagrama, no hay ningún espacio vacío para las notas sostenidas o bemoles entre B y C ni entre E y F, pero sí entre todas las otras notas.

SOSTENIDOS (♯)

Una nota sostenida se encuentra un traste más alto que la nota natural del mismo nombre. «F sostenido» se toca en la 1.ª cuerda detrás del 2.º traste, un traste más alto que la nota F (natural):

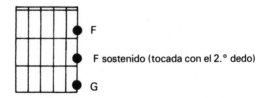

Las notas sostenidas están señaladas con el signo de sostenido: ♯. (F sostenido se escribe F♯). En el pentagrama, las notas sostenidas se indican con un signo de sostenido (♯) delante de la nota que ha de hacerse sostenida.

BEMOLES (♭)

Una nota bemol se encuentra en una posición de traste *más baja* que la «nota natural» del mismo nombre. «G bemol» está un traste más bajo que el natural:

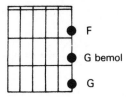

Las notas bemoles están señaladas con un signo de bemol: ♭ . (G bemol se escribe G♭.) En el pentagrama, las notas bemoles se indican con un signo de bemol (♭) delante de la nota afectada.

Como puede ver, en la guitarra F sostenido es la misma nota que G bemol. De hecho, todas estas notas pueden tener un nombre sostenido o bemol:

$$A\sharp = B\flat \qquad C\sharp = D\flat \qquad D\sharp = E\flat \qquad F\sharp = G\flat \qquad G\sharp = A\flat$$

Además de cambiar las notas por ellos marcadas, sostenidos y bemoles afectan también a las notas en la misma posición del pentagrama que los siguen dentro del mismo compás:

Sin embargo, si en el compás siguiente la misma nota ha de hacerse bemol o sostenido, habrá que utilizar de nuevo los signos.

BECUADROS (♮)

Un sostenido o bemol puede anularse con un «becuadro» (♮). Escrito delante de una nota, nos indica que se necesita la nota natural en lugar del sostenido o bemol antes indicado. Este signo afecta también a todas las notas en la misma posición que le siguen en el compás.

Para la melodía siguiente se necesitan dos sostenidos:

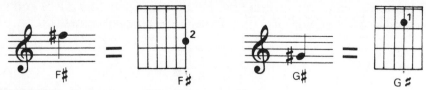

GREENSLEEVES. Antigua canción de amor inglesa.
Esta melodía se utiliza también para el villancico navideño «What Child is This?»

las notas marcadas con «(♯)» son también G sostenido, pues el signo de sostenido que va delante del primer G afecta a todos los G que siguen en el compás. Las notas marcadas «(♮)» son sol natural tocado en la 3.ª cuerda al aire, pues no hay signo de sostenido delante de ellas.

Tras la melodía, toque el acompañamiento con el esquema y las notas de bajos de la página 64. Toque el esquema una vez por cada compás.

Notas hasta el 4.º traste

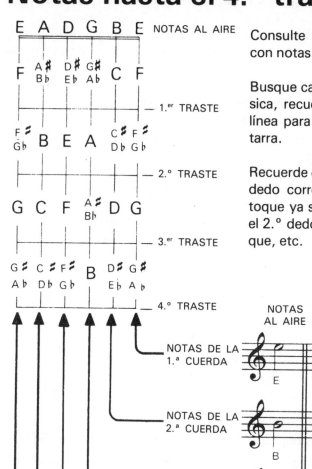

Consulte esta página cuando se encuentre con notas que no conoce.

Busque cada nota en una de las líneas de música, recuerde su nombre y luego mire en la línea para ver dónde se encuentra en la guitarra.

Recuerde que para cada traste ha de utilizar el dedo correcto de la mano izquierda. Ahora toque ya siempre las notas del 2.º traste con el 2.º dedo, las del cuarto traste con el meñique, etc.

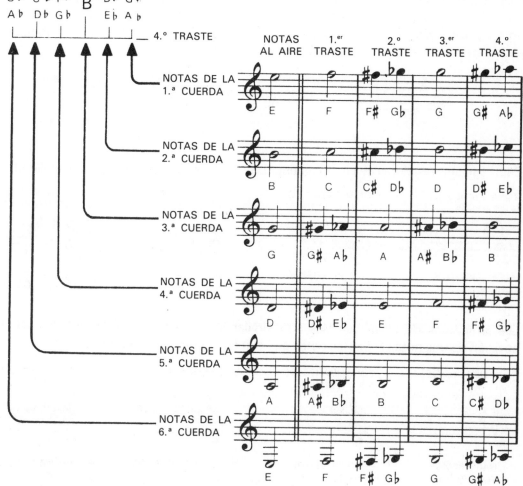

Música en diferentes tonalidades

Hasta ahora toda la música de este libro ha aparecido en las tonalidades de «C» o «A menor» con los acordes de C, de A menor, y otros que se encuentran normalmente con ellos.

Cuando toque música de tonalidades diferentes, con series distintas de acordes, encontrará los signos de sostenido y bemol utilizados de otro modo. Estos signos de sostenido y bemol aparecen inmediatamente después de la clave en todas las líneas de música en lo que se conoce como «armaduras de clave».

Cada signo de sostenido o bemol de la armadura de clave está escrito en la posición de una nota. Afecta a TODAS LAS NOTAS musicales que tienen el mismo nombre que la nota marcada. Aquí el signo de sostenido está en la posición de una nota «F» (indicada entre paréntesis). Significa que TODO F ha de hacerse sostenido:

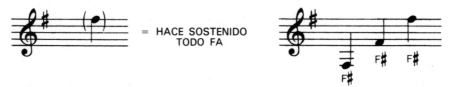

Estas son las armaduras de clave sostenidas que encontrará con mayor probabilidad:

TONALIDADES DE G y E MENOR	TONALIDADES DE D y B MENOR	TONALIDADES DE A y F♯ MENOR	TONALIDADES DE E y C♯ MENOR
HACE SOSTENIDO TODO F	HACE SOSTENIDO TODO F y C	HACE SOSTENIDO TODO F, C y G	HACE SOSTENIDO TODO F, C, G y D

Las armaduras de clave bemoles son similares. Cada signo de bemol está en la posición de una nota. Todas las notas con el mismo nombre deben hacerse bemoles:

TONALIDADES DE F y D MENOR	TONALIDADES DE B♭ y G MENOR	TONALIDADES DE E♭ y C MENOR	TONALIDADES DE A♭ F MENOR
HACE BEMOL TODO B	HACE BEMOL TODO B y E	HACE BEMOL TODO B, E y A	HACE BEMOL TODO B, E, A y D

Las diferentes tonalidades nos permiten tocar distintas combinaciones de acordes y notas de melodía para hacer la música más interesante. También nos permiten tocar más alto o más bajo para adecuarnos a los diferentes instrumentos y voces.

Toque las escalas de las tonalidades de G y F y escuche la diferencia.
En la escala de G, F sostenido se toca en lugar de F (natural).
En la escala de F, B bemol se toca en lugar de B (natural). Toque B bemol en la 3.ª cuerda con el 3.er dedo detrás del 3.er traste.

Las notas de la escala y otras con los mismos nombres son las notas de las melodías que puede esperar encontrar en música en cada tonalidad.

Los signos extra ♯ , ♭ o ♮ puede encontrarlos en cualquier tonalidad. Recuerde que afectan también a todas las notas en la misma posición que los siguen en el compás.

BOOGIE IN G. F♯ está en la armadura de clave.

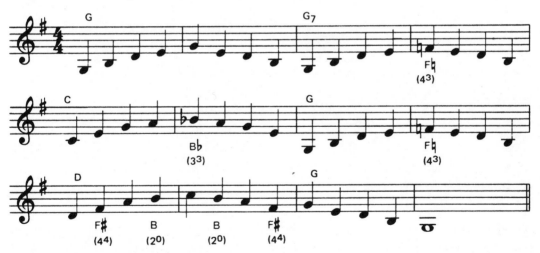

F♮ (4³) = 4.ª cuerda, 3.er traste. B♭ (3³) = 3.ª cuerda, 3.er traste. B (2⁰) = 2.ª cuerda al aire
F♯ (4⁴) = 4.ª cuerda, 4.º traste: toque con el 4.º dedo.

Consulte en la página 73 cualquier nota que pueda haber olvidado.

Procure leer correctamente los sostenidos, bemoles y naturales para que su música suene bien. Lea de nuevo estas páginas si tiene alguna duda con respecto a los sostenidos, bemoles y naturales, o a las armaduras de clave.

Más sobre el punteo

Llegamos ahora a los tipos de punteo probablemente más conocidos y populares: los estilos que suelen conocerse con el nombre de «Clawhammer» (martillo sacaclavos). Estos tienen su base en un esquema regular del pulgar mientras los dedos entretejen un esquema diferente, que es la melodía. El secreto de este estilo está en guardar un ritmo fijo del pulgar, con independencia de lo que estén haciendo los otros dedos. Empiece con lentitud y cuente uniformemente. Aprenda a tocar bien cada esquema antes de pasar al siguiente.

En primer lugar, hemos de establecer un ritmo uniforme para el pulgar; es lo mismo que parte de lo que ya sabe tocar. Ponga la mano derecha en posición con el pulgar descansando sobre la 5.ª cuerda y el 1.er dedo sobre la 1.ª Puntee un acorde de C y toque el esquema del pulgar:

$\frac{4}{4}$ C

CUERDAS PULGAR	5	3	5	3	5	3	5	3	5	3	5	3
CUENTE	1	2	3	4	1	2	3	4	1	2	3	4

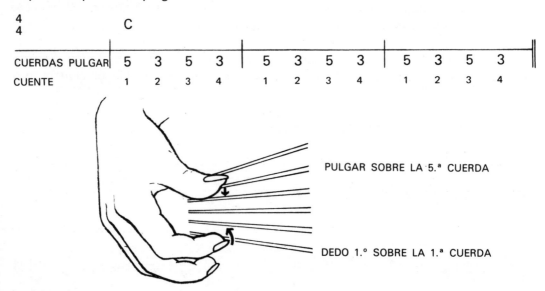

PULGAR SOBRE LA 5.ª CUERDA

DEDO 1.º SOBRE LA 1.ª CUERDA

En la etapa siguiente, el pulgar y el dedo 1.º tocan al mismo tiempo en un movimiento de «pellizcado» cada vez que cuente «1»:

$\frac{4}{4}$ C

CUERDA DEDO 1.º	1				1				1			
CUERDAS PULGAR	5	3	5	3	5	3	5	3	5	3	5	3
CUENTE	1	2	3	4	1	2	3	4	1	2	3	4

Cuente ahora «1—2—3 y 4» y pellizque con el dedo 1.º en el «&» y en el «1».

$\frac{4}{4}$ C

CUERDAS DEDO 1.º	1		1		1		1		1		1	
CUERDAS PULGAR	5	3	5	3	5	3	5	3	5	3	5	3
CUENTE	1	2	3 & 4		1	2	3 & 4		1	2	3 & 4	

Finalmente, el 1.er dedo toca un esquema sobre las cuerdas 1.ª y 2.ª:

4/4																
	C					C					G7					C
CUERDAS DEDO 1.º	1			2		1			2		1			2		1
CUERDAS PULGAR	5	3	5		3	5	3	5		3	6	4	6		4	5
CUENTE	1	2	3	&	4	1	2	3	&	4	1	2	3	&	4	1

Ya ha aprendido un importante esquema melódico para el punteado. Asegúrese de que puede tocarlo uniforme y correctamente antes de continuar.

Las melodías se tocan en las cuerdas 1.ª, 2.ª y 3.ª con notas de los acordes o añadiendo o quitando un dedo a los acordes. Trate de encontrar las notas aquí indicadas con los dedos apropiados. Luego tóquelas siguiendo el esquema. Mueva los dedos en las líneas punteadas y líneas del compás.

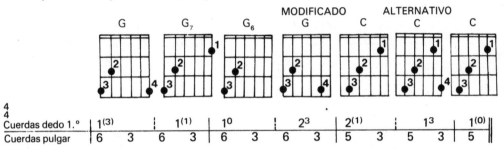

G — G7 — G6 — MODIFICADO G — C — ALTERNATIVO C — C

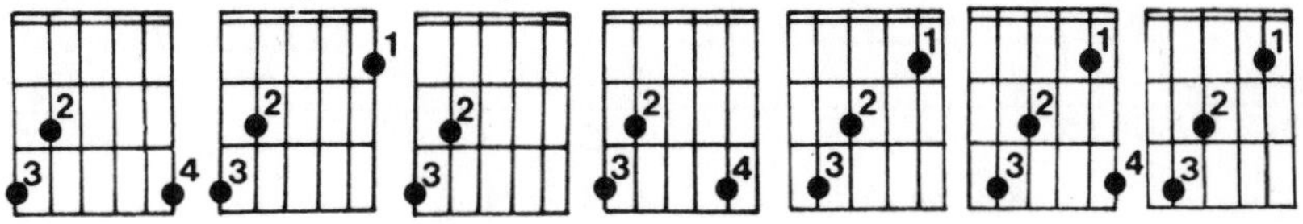

4/4													
Cuerdas dedo 1.º	$1^{(3)}$		¦	$1^{(1)}$	1^{0}		¦	2^{3}	$2^{(1)}$		¦	1^{3}	$1^{(0)}$
Cuerdas pulgar	6	3	6	3	6	3	6	3	5	3	5	3	5

Cuando pueda tocar de modo uniforme, pruebe el esquema con la melodía siguiente:

SKIP TO MY LOU. Ejecución de melodía punteada.

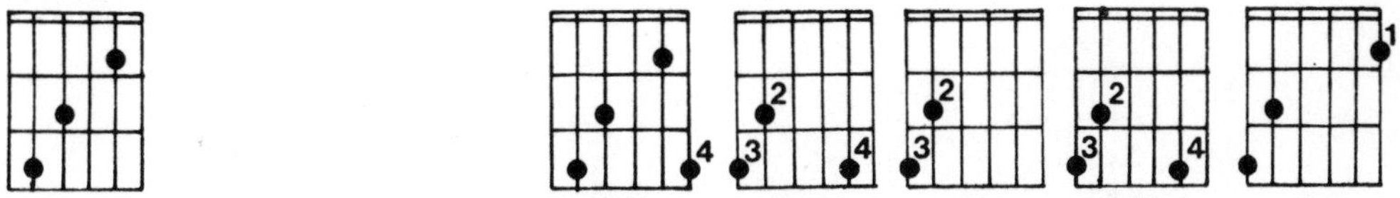

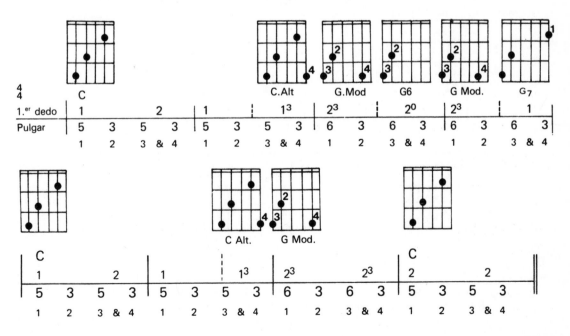

4/4																				
	C								C.Alt		G.Mod			G6		G Mod.			G7	
1.er dedo	1			2		1		¦		1^{3}	2^{3}		¦	2^{0}		2^{3}		¦	1	
Pulgar	5	3	5		3	5	3	5		3	6	3	6		3	6	3	6		3
	1	2	3	&	4	1	2	3	&	4	1	2	3	&	4	1	2	3	&	4

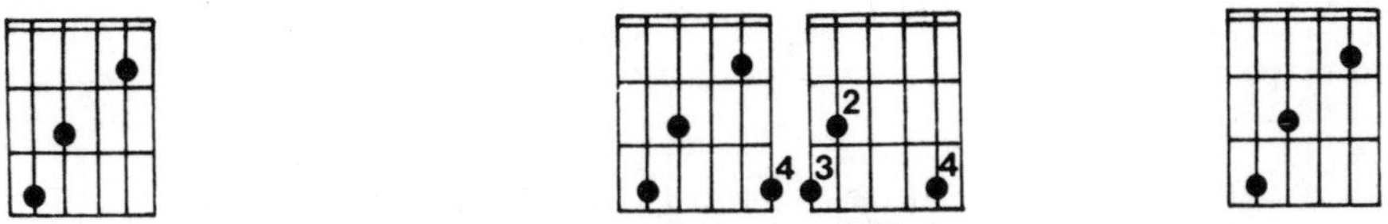

	C								C Alt.		G Mod.					C				
	1			2		1		¦	1^{3}		2^{3}			2^{3}		2			2	
	5	3	5		3	5	3	5		3	6	3	6		3	5	3	5		3
	1	2	3	&	4	1	2	3	&	4	1	2	3	&	4	1	2	3	&	4

Otro popular esquema de punteo para tocar la melodía tiene una nota extra tocada con el dedo 1.º Cuente <u>1</u> 2 <u>&</u> 3 & 4. Las notas que están en los pulsos subrayados deberían tocarse más fuerte.

4/4	C				C				G$_7$				C	
DEDO 1º	1		1	2	1		1	2	1		1	2	1	
PULGAR	5	3	5	3	5	3	5	3	6	4	6	4	5	
CUENTE	<u>1</u>	2 <u>&</u> 3 & 4			<u>1</u>	2 <u>&</u> 3 & 4			<u>1</u>	2 <u>&</u> 3 & 4			<u>1</u>	

La melodía de la canción siguiente se toca con este esquema. Mire todos los diagramas y practique la *digitación* exacta antes de tocarla.

BANKS OF THE OHIO. Solo de guitarra punteado.

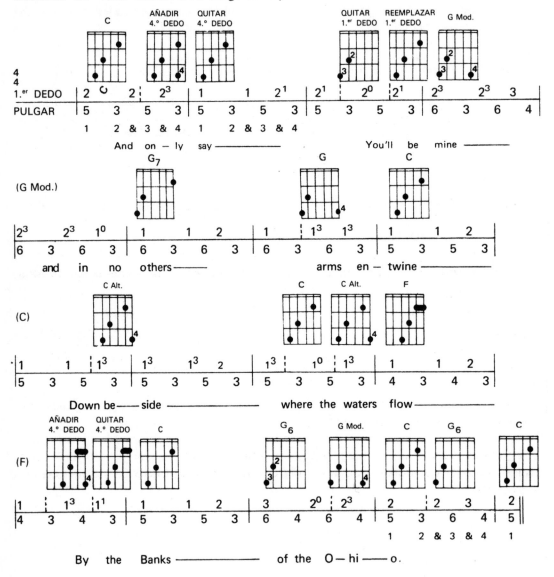

El esquema de la página anterior puede utilizarse para tocar muchas melodías. Las melodías que no se adecuan con exactitud suelen poder tocarse si las notas del 1.er dedo se ponen en otras posiciones: sobre el pulso de las notas del pulgar o entre los pulsos. En caso contrario, podrían perderse algunas notas.

El mismo esquema puede tocarse también con los dedos 1.º y 2.º para los acompañamientos, como se ve abajo. Empiece con el dedo 1.º en la 2.ª cuerda y el dedo 2.º sobre la 1.ª Toque el primer compás varias veces para practicar los movimientos de dedos antes de tocar los diferentes acordes. En el segundo compás de la segunda línea, los dedos se mueven a las cuerdas 2.ª y 3.ª, y el pulgar toca las diferentes notas de bajos. El punteo puede variarse con frecuencia moviendo los dedos a las otras cuerdas.

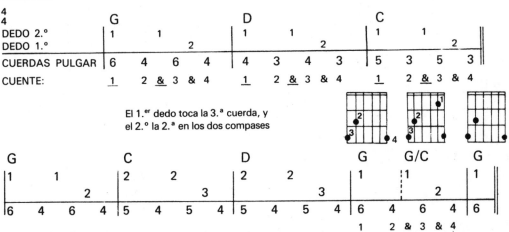

El 1.er dedo toca la 3.ª cuerda, y
el 2.º la 2.ª en los dos compases

Añada una nota extra, tocada por el 1.er dedo, y tendrá otro popular esquema de acompañamiento punteado. Practique el primer compás varias veces antes de tocar los diferentes acordes. Cuente 1 & 2 & 3 & 4:

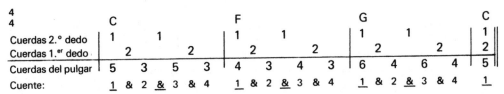

Toque este esquema como acompañamiento para melodías que tengan 4 pulsos por compás. (Signos del compás $\frac{4}{4}$ o 𝄴.)

Los esquemas de punteo y otras técnicas que ha aprendido forman la base de muchos estilos de tocar del «folk», «ragtime», «country» y «blues». Continúe y diviértase con sus punteos.

Cómo tocar con una cejilla mecánica

Una cejilla mecánica es un instrumento manual que permite que las mismas formas de acordes sirvan para tocar en diferentes tonalidades. Es muy útil para el guitarrista de flamenco, «folk», «blues» y punteo, pues permite tocar estos estilos en tonalidades que de otro modo resultarían extremadamente difíciles. Toque estos estilos con cejilla mecánica si desea que sus acompañamientos o solos suenen en tonalidades superiores para cantar o buscando efectos diferentes. Pero no permita que se convierta en un sustituto para aprender nuevos acordes u otras técnicas de la mano izquierda.

La cejilla mecánica se sujeta detrás de un traste para que presione firmemente las cuerdas sobre el diapasón. Cuanto más arriba del cuello se coloca, más altos suenan el acorde o la nota.

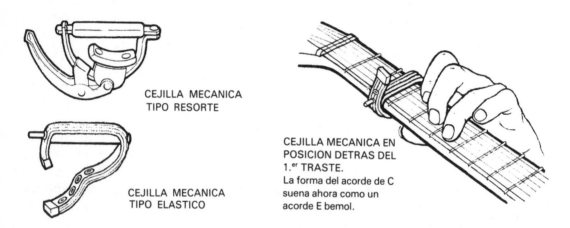

CEJILLA MECANICA
TIPO RESORTE

CEJILLA MECANICA
TIPO ELASTICO

CEJILLA MECANICA EN
POSICION DETRAS DEL
1.ᵉʳ TRASTE.
La forma del acorde de C
suena ahora como un
acorde E bemol.

En las tiendas de música se venden varios tipos de cejillas, pero las más populares son las que representamos aquí. Las de resorte son fáciles de subir y bajar sobre el cuello; sin embargo, muchos guitarristas prefieren las elásticas porque son más ligeras y menos incómodas. Las elásticas más anchas están hechas especialmente para las guitarras de cuerdas de acero. Si su guitarra tiene un diapasón curvo, conseguirá los mejores resultados con cejillas mecánicas que tengan una barra ligeramente curva. (La barra de una cejilla puede curvarse un poco con un torno quitando la cubierta de plástico o goma. Hay que volver a poner la cubierta cuando se haya doblado la barra.)

Afinar la guitarra antes de poner una cejilla mecánica. Presionar la barra de la cejilla sobre las cuerdas detrás de un traste con la mano derecha y sujetarla con la izquierda. Asegúrese de que está paralela al traste. La cejilla debe estar lo bastante apretada para que todas las cuerdas suenen claramente. (Apriete una cejilla de resorte mientras la pone en posición. Con las elásticas, sostenga la barra en su lugar con el extremo largo del elástico en el fondo. Luego dé la vuelta al elástico por la parte trasera del cuello y meta el primer agujero de la barra. Toque todas las cuerdas, y si no suenan con claridad enganche el segundo agujero en la barra. No tense una cejilla elástica más de lo necesario, porque se gastará rápidamente.)

Cuando la cejilla esté colocada, toque un acorde para comprobar que la guitarra sigue afinada. (Si es necesario, ajuste la afinación con la cejilla puesta, contando los trastes hacia arriba desde ella para comparar las cuerdas. Tras haber reafinado, soltar luego la cejilla para liberar cualquier tensión y comprobar de nuevo la afinación. De este modo la guitarra estará afinada cuando quite luego la cejilla.)

Aflojar siempre la cejilla antes de moverla a otro traste. Si la desliza sin aflojarla, las cuerdas se gastarán y pueden desafinarse.

Si una canción está demasiado alta o baja para cantar, pruebe con la cejilla detrás de diferentes trastes: mueva hacia arriba dos o tres trastes cada vez hasta que logre la tonalidad adecuada. Si no encuentra la tonalidad conveniente, «trasporte» el acompañamiento a otra tonalidad tal como se explica en la página 106. Pruebe también a puntear y rasguear con la cejilla detrás de diferentes trastes.

NOMBRES DE ACORDES Y NOTAS EN DIFERENTES POSICIONES DE CEJILLA

El nombre de los acordes o notas cambia cuando se toca con la cejilla detrás de diferentes trastes. Encuentre el nombre de un acorde o nota en la línea superior del diagrama, y mire debajo de la columna para conocer su nuevo nombre en cada posición de la cejilla. Averigüe los menores, séptimas y otros acordes, bajo los nombres de sus letras; con la cejilla, vuelven a ser menores, séptimas, etc., en las nuevas tonalidades. Por ejemplo, el acorde A menor se hace C menor con la cejilla en el 3.er traste, G7 se hace B bemol séptima con la cejilla en el 3.er traste, etc.

SIN CEJILLA	A	A#Bb	B	C	C#Db	D	D#Eb	E	F	F#Gb	G	G#Ab
CEJILLA EN EL 1.er TRASTE	A#Bb	B	C	C#Db	D	D#Eb	E	F	F#Gb	G	G#Ab	A
CEJILLA EN EL 2.º TRASTE	B	C	C#Db	D	D#Eb	E	F	F#Gb	G	G#Ab	A	A#Bb
CEJILLA EN EL 3.er TRASTE	C	C#Db	D	D#Eb	E	F	F#Gb	G	G#Ab	A	A#Bb	B
CEJILLA EN EL 4.º TRASTE	C#Db	D	D#Eb	E	F	F#Gb	G	G#Ab	A	A#Bb	B	C
CEJILLA EN EL 5.º TRASTE	D	D#Eb	E	F	F#Gb	G	G#Ab	A	A#Bb	B	C	C#Db
CEJILLA EN EL 6.º TRASTE	D#Eb	E	F	F#Gb	G	G#Ab	A	A#Bb	B	C	C#Db	D
CEJILLA EN EL 7.º TRASTE	E	F	F#Gb	G	G#Ab	A	A#Bb	B	C	C#Db	D	D#Eb

Técnicas útiles para la mano izquierda

LIGADO ASCENDENTE

El «ligado ascendente» permite tocar notas extras empujando sobre una cuerda abruptamente hasta el traste superior después de haberla pulsado.

Pruebe esto. Toque la 3.ª cuerda al aire. Mientras está sonando, y sin tocarla de nuevo, «martillee» la cuerda sobre el diapasón detrás del 2.º traste con el dedo 2.º de la mano izquierda. Deberá sonar otra nota con claridad. Toque ahora de nuevo la 3.ª cuerda, y «martilléela» sobre el diapasón detrás del 3.er traste con el 3.er dedo, para que suene otra nota.

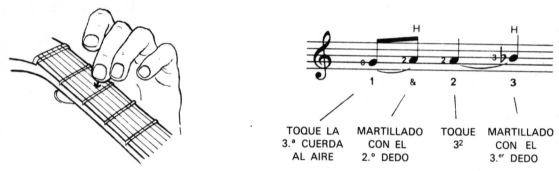

TOQUE LA 3.ª CUERDA AL AIRE	MARTILLADO CON EL 2.º DEDO	TOQUE 3²	MARTILLADO CON EL 3.er DEDO

En la música para guitarra, el «martillado» se indica con una línea curva hacia arriba entre las dos notas o una «H» sobre la segunda nota. En el estilo «clásico» se llama «ligado ascendente».

LIGADO DESCENDENTE

En él, los dedos de la mano izquierda «pellizcan» las notas extra.
Pruebe a hacerlo. Toque la 1.ª cuerda con el 3.er dedo detrás del traste 3.º Mientras está sonando la cuerda, pase el dedo 3.º ligeramente sobre ella de modo que se oiga una nota.

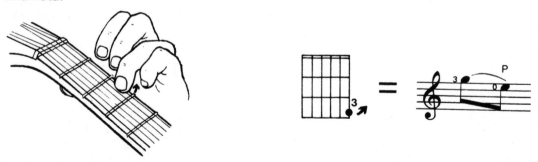

En la música para guitarra, esto se indica con una línea curva hacia abajo entre las dos notas, o la letra «P» sobre la segunda nota. En el estilo clásico se denomina «ligado descendente».

Trate de hacer juntos ambos ligados:

| TOQUE LA 1.ª CUERDA | MARTILLEE CON EL DEDO 3.º | SUELTE EL DEDO 3.º |

Haga movimientos muy concretos con los dedos de la mano izquierda. Incluso aunque la cuerda sólo se toque una vez, deberá oír tres notas igualmente claras y altas.

Los dos ligados permiten tocar uniformemente series de notas. Las notas de la melodía que no se adecuan a los esquemas de punteado suelen poder tocarse con alguno de los ligados. En el rasgueado pueden martillarse las notas que se tocan con el pulgar o la púa.

NOTAS POR DESLIZAMIENTO

Se utilizan para tocar los solos y la melodía. Se toca una nota para la que se ha situado el dedo izquierdo. Mientras está aún sonando el dedo, se desliza firmemente hacia arriba o hacia abajo sobre la cuerda, y hace sonar otra nota.

Ponga el 2.º dedo de la mano izquierda sobre la 3.ª cuerda detrás del 1.er traste. Toque la 3.ª cuerda y deslice entonces el dedo hasta el 2.º traste de modo que suene otra nota. Luego inténtelo a la inversa:

En la música para guitarra, esto se indica con una línea recta entre las notas.

NOTAS POR FLEXION

Esta técnica se utiliza en «blues», «jazz» y música «rock» para producir un sonido quejumbroso y tocar lo que se conoce como «notas de blue».

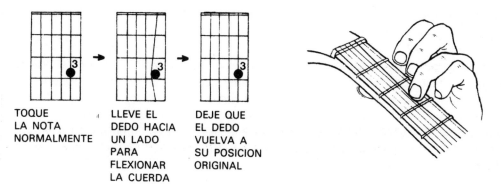

| TOQUE LA NOTA NORMALMENTE | LLEVE EL DEDO HACIA UN LADO PARA FLEXIONAR LA CUERDA | DEJE QUE EL DEDO VUELVA A SU POSICION ORIGINAL |

Algunas técnicas de guitarra «clásica»

Muchas de las técnicas del estilo clásico de tocar son similares a las que ya ha aprendido. Sin embargo, deberán practicarse otras técnicas básicas antes de intentar tocar este estilo.

ACORDES PUNTEADOS

Con frecuencia se puntean juntas 3 ó 4 cuerdas para que suene un acorde. Es similar a lo que ya ha aprendido, salvo que el pulgar y los demás puntean al mismo tiempo.
Coloque la posición del acorde de C. Luego sitúe la mano derecha tal como se indica aquí:

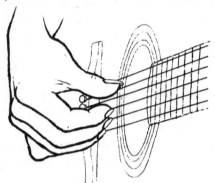

PULGAR SOBRE LA 5.ª CUERDA

DEDO 1.º SOBRE LA 3.ª CUERDA
DEDO 2.º SOBRE LA 2.ª CUERDA
DEDO 3.º SOBRE LA 1.ª CUERDA

Arquee ligeramente los dedos y el pulgar y luego puntee las cuatro cuerdas al mismo tiempo de modo uniforme. (Asegúrese de que la 1.ª cuerda suena con claridad.) Después del punteo, los dedos deben separarse de las cuerdas hasta que estén dispuestos a puntear de nuevo. Trate ahora de tocar esto:

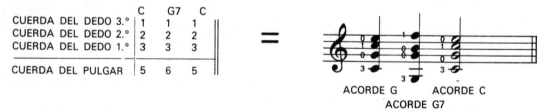

	C	G7	C
CUERDA DEL DEDO 3.º	1	1	1
CUERDA DEL DEDO 2.º	2	2	2
CUERDA DEL DEDO 1.º	3	3	3
CUERDA DEL PULGAR	5	6	5

ACORDE G   ACORDE C
ACORDE G7

Practique el punteo de diferentes acordes, asegurándose de que todas las cuerdas suenan con igual fuerza y claridad.

En el pentagrama, las notas que se tocan al mismo tiempo como un acorde se indican una encima de otra. En la música para guitarra suele ponerse un número pequeño delante de la nota. Este dedo indica el *dedo de la mano izquierda* que deberá utilizarse para tocar la nota. Lea las notas de acorde exactamente como leería las notas para la melodía; decida dónde está cada nota sobre el diapasón y utilice el dedo de la mano izquierda indicado por el número que hay delante de la nota: «1» = dedo 1.º; «2» = = dedo 2.º; «0» = cuerda al aire, etc.

Un acorde de 3 notas es similar, pero se puntea con dos dedos y el pulgar. Aquí se toca una nota de bajos separadamente con el pulgar entre cada acorde. (Las notas del pulgar duran un tiempo, las de los otros dedos, dos tiempos.)

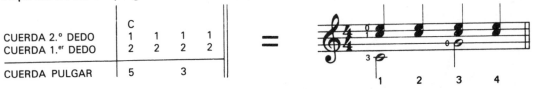

	C			
CUERDA 2.° DEDO	1		1	
CUERDA 1.er DEDO	2		2	
CUERDA PULGAR	5	3	5	3

Aquí las notas del pulgar duran dos tiempos, y las de los otros dedos sólo uno:

	C			
CUERDA 2.° DEDO	1	1	1	1
CUERDA 1.er DEDO	2	2	2	2
CUERDA PULGAR	5		3	

En estos dos ejemplos, las notas tocadas por el pulgar se indican con los «rabos» hacia abajo, mientras que las de los otros dedos tienen los «rabos» hacia arriba. La música para guitarra suele escribirse de este modo cuando las notas tocadas por el pulgar o los otros dedos se cuentan de modo distinto a las otras notas.

ARPEGGIOS

Un «Arpeggio» es un acorde en el que las notas suenan una detrás de otra. (Arpeggio procede de la palabra italiana para arpa, que da el nombre del efecto.) Sitúe la mano derecha como para los «acordes punteados» y puntee cada cuerda separadamente, empezando por la del pulgar:

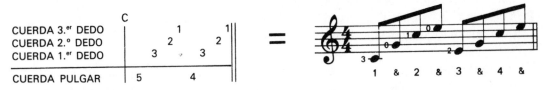

	C			
CUERDA 3.er DEDO			1	1
CUERDA 2.° DEDO		2		2
CUERDA 1.er DEDO		3		3
CUERDA PULGAR	5		4	

Otro tipo de arpeggio es el que sube para luego volver a bajar:

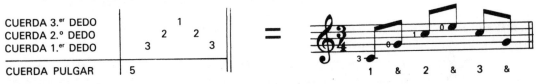

CUERDA 3.er DEDO		1	
CUERDA 2.° DEDO	2		2
CUERDA 1.er DEDO	3		3
CUERDA PULGAR	5		

Toque varias veces cada uno de estos arpeggios para practicarlos.

Debería aprender a reconocer el modo en que se escriben sobre el pentagrama los acordes y arpeggios si desea leer música para guitarra de estilo clásico. Lea todas las notas de los ejemplos de estas páginas mientras las toca, para practicar así la lectura de la música para guitarra.

EL GOLPE APOYADO

El «golpe apoyado», que se llama también «apoyando» en guitarra clásica y «picardo» en flamenco, es probablemente la técnica sencilla más importante para tocar solos de guitarra en estos estilos. Se utiliza para tocar series rápidas de notas y para que sobresalgan las notas importantes de la melodía, sobre todo en las cuerdas 1.ª, 2.ª y 3.ª

Un golpe apoyado se toca así: coloque el 1.er dedo de la mano derecha bajo la 1.ª cuerda, manteniendo los otros dedos fuera de las cuerdas. Flexione ligeramente el 1.er dedo, de modo que toque la 1.ª cuerda *y descanse sobre la 2.ª*

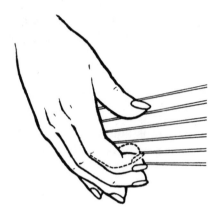

EL 1.er DEDO TOCA
LA 1.ª CUERDA
Y DESCANSA SOBRE LA 2.ª

Los golpes apoyados suelen tocarse alternando los dedos 1.º y 2.º sobre la misma cuerda, así:
1. Coloque el 1.er dedo de la mano derecha sobre la 1.ª cuerda; flexiónelo ligeramente para que la toque y descanse sobre la 2.ª
2. Coloque el 2.º dedo de la mano derecha sobre la 1.ª cuerda; flexiónelo ligeramente para que la toque y descanse también sobre la 2.ª

Toque lo mismo de nuevo. Pero esta vez, cuando empiece a flexionar el 2.º dedo, levante el 1.º de la 2.ª cuerda y muévalo hacia abajo para tocar de nuevo la 1.ª Mientras sube el 1.er dedo, el 2.º baja, etc. (Los dedos deben dar la impresión de estar caminando.) Toque ahora varias notas sobre la 1.ª cuerda, alternando los dedos 1.º y 2.º:

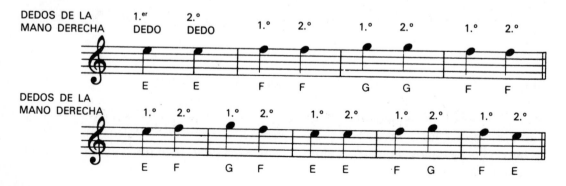

86

Practique los golpes apoyados en todas las cuerdas tocando notas en cada traste. (Repase «Entrenamiento de los dedos», de la página 26.) Toque cada nota con un dedo diferente de la *mano derecha:* toque una nota con el 1.er dedo, la siguiente con el 2.°, la siguiente con el 1.°, etc. Trate de alternar también los dedos 1.°, 2.° y 3.°

GOLPES LIBRES

Se denominan así los golpes dados con un dedo que no descansa después sobre una cuerda. (En los punteados normales se utilizan los golpes libres.) Se utilizan los golpes libres para los acordes, arpeggios y notas de la melodía que no necesitan la fuerza de los golpes apoyados. Repase las canciones que ha aprendido y toque golpes apoyados en las notas que cree que deberían ser fuertes, y golpes libres en las restantes.

En el siguiente tema, la parte del pulgar se indica con los rabos de las notas señalando hacia abajo. Siga las posiciones de la mano izquierda dadas por los números que hay delante de las notas y recuerde que la armadura de clave hace sostenidos todos los F. Observe que las líneas 1.ª y 3.ª son exactamente las mismas.

MINUETO EN G, de Bach.

Cómo convertirse en un guitarrista mejor

Cuando haya llegado a esta parte del libro, debe estar en el camino de convertirse en un buen guitarrista, en tanto en cuanto haya aprendido a tocar correctamente cada técnica y cada tema antes de pasar al siguiente. Antes de seguir, vuelva a cualquier parte que no haya entendido y léala de nuevo. Repase cualquier técnica o pieza musical que le resulte difícil, y pruébela de nuevo. El secreto para convertirse en un intérprete realmente bueno está en tomarse la molestia de practicar cada técnica un poco cada vez hasta que resulte algo completamente natural.

Se encuentra en una fase muy importante. Sabe ya muchas cosas sobre el modo de tocar la guitarra y ha aprendido las técnicas básicas de la mayor parte de los estilos. Ahora es el momento de pulir su modo de tocar y realizar la mayor parte de las cosas que ha aprendido tocando nuevas piezas musicales.

De aquí en adelante hay nuevas técnicas y consejos de amigo que le ayudarán a convertirse en un guitarrista mejor.

MEJORE SU HABILIDAD

Trate de hacer fluida su música. Toque las cuerdas uniformemente para que cada nota suene alta y clara. Practique las técnicas de la mano derecha hasta que pueda tocar uniforme y naturalmente sin pensar en lo que está haciendo.

Después de tocar cada nota, mantenga en posición el dedo de la mano izquierda hasta que esté dispuesto a tocar la nota siguiente. «Pasee» los dedos de la mano izquierda de una nota a la siguiente para que no haya vacíos entre las notas.

Trate de tocar con los ojos cerrados y dejar que el oído le diga si tiene los dedos en la posición adecuada. Esto le ayudará a sentirse más confiado y natural con su guitarra, y le resultará más sencillo leer música si no tiene que mirar cómo tocan los dedos.

LEA LA MUSICA CON LA MAYOR FRECUENCIA POSIBLE

Cuanta más música lea, más sencilla le resultará, de modo que debe practicar la lectura de música siempre que pueda. Busque músicas nuevas; no tiene que ser música para guitarra, pues le servirá cualquiera en clave de 𝄞 . Lea música para flauta y otros instrumentos, busque libros de «folk song», etc. Toda nueva canción le ayudará a aprender a leer más rápido y a tocar mejor. Al principio elija música simple: melodías que no sean demasiado largas, sin muchos sostenidos o bemoles en la armadura de clave. Busque cualquier nota que pueda haber olvidado en la página 73 ó en la 92.

PRACTIQUE

Siga el plan de prácticas de la página 37. Todas las semanas trate de aprender algo nuevo, o mejore realmente algo que esté aprendiendo aún. De su tiempo de práctica, separe unos minutos para volver a algo que encuentre difícil.

APRENDA DE OTROS GUITARRISTAS

Escuche música de guitarra siempre que pueda: en discos, radio y televisión. Escuche atentamente todos los tipos de música y los diferentes estilos de tocar, y trate de imaginar cómo tocarlos.

Vea cómo tocan otros guitarristas, preferiblemente en lugares que pueda estar lo bastante cerca para ver lo que está haciendo. Esos intérpretes no tienen que ser «números uno»; puede aprender mucho de cualquiera que toque en público, en tanto en cuanto recuerde las reglas básicas y no coja los malos hábitos de otros guitarristas. Si ve una técnica que le interesa, trate de tocarla al volver a casa.

Podrá encontrarse con otros guitarristas en pequeños clubs informales de «folk», «blues» o «jazz», o en una sociedad de guitarra. A la mayor parte de los guitarristas les suele gustar hablar de su música, y puede que incluso le enseñen uno o dos trucos, pero no pregunte demasiado de una vez: nadie quiere dar todos sus secretos. Sin embargo, los conciertos no suelen ser un buen lugar para hablar con los músicos, pues hay mucha gente alrededor.

¿NECESITA LECCIONES DE GUITARRA?

Si se siente feliz con lo que toca, o si es usted un «guitarrista por naturaleza» al que le resulta fácil aprender, puede pasar un tiempo sin lecciones de guitarra, siempre que toque músicas diferentes en grado suficiente y aprenda de otros intérpretes. Sin embargo, las lecciones son casi esenciales si quiere tocar guitarra clásica, de flamenco o de jazz, o tomarse en serio otros estilos. Un buen profesor le ayudará a progresar mucho más rápidamente que si lo hace solo. Le sugerirá las piezas que le convienen, le explicará las diferentes técnicas y le ayudará de otros muchos modos.

Si quiere recibir lecciones, elija un profesor que sea experto en el tipo de música que a usted le gustaría tocar. Su tienda de música o su sociedad de guitarra podrán recomendarle a alguien y darle una idea del costo de las lecciones; si no es así, busque los anuncios de los periódicos o revistas musicales. Cuéntele a su profesor su nivel y lo que le gustaría tocar antes de contratar una serie de lecciones; y considere si preferiría lecciones individuales o en una clase colectiva con tutor.

Toque más arriba del diapasón

Hasta ahora ha estado tocando en lo que se conoce como la «1.ª posición», con el 1.er dedo de su mano izquierda tocando las notas del 1.er traste. (Cada posición recibe el nombre del traste en el que toca el dedo 1.°) En la posición 1.ª, puede tocar notas en cualquier cuerda hasta el 4.° traste si utiliza todos los dedos de la mano izquierda. Las notas que están más arriba se tocan moviendo la mano izquierda a trastes superiores.

En las otras posiciones encontrará notas de sonido más agudo, junto con las notas que ha tocado en otras cuerdas. En la 5.ª posición (con el 1.er dedo detrás del 5.° traste y el pulgar bajo él), encontrará algunas notas superiores (A, B y C) junto con E, F y G *en la 2.ª cuerda.* Estas notas de la 2.ª cuerda son las *mismas* que tocó en la 1.ª cuerda en la 1.ª posición. Más arriba aún, encontrará estas mismas notas repetidas en la 3.ª cuerda en la 9.ª posición:

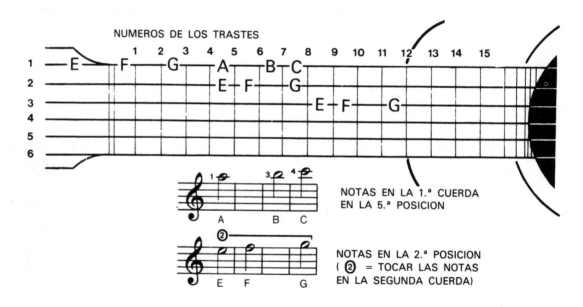

NOTAS EN LA 1.ª CUERDA EN LA 5.ª POSICION

NOTAS EN LA 2.ª POSICION (② = TOCAR LAS NOTAS EN LA SEGUNDA CUERDA)

Las notas de arriba del pentagrama se escriben sobre «líneas adicionales». «A» se encuentra sobre la primera línea adicional, «B» en el espacio superior, etc. En la música para guitarra, un número circundado sobre una nota indica la cuerda que se ha de tocar, cuando no es evidente: ② significa que hay que tocar esa nota en la 2.ª cuerda.

Las nuevas notas son importantes, pero las otras son también muy útiles, incluso aunque puedan tocarse en trastes inferiores. Imagine una canción que tenga un «C» en la 1.ª cuerda detrás del 8.° traste como su nota más alta, y F como la más baja. Toque «C» con el 3.er dedo sobre la 1.ª cuerda y «F» con el 1.er dedo sobre la 2.ª cuerda en el 6.° traste, pues es más fácil que mover toda la mano izquierda sobre el diapasón. ¡Inténtelo de ambos modos!

Más arriba del diapasón, las cuerdas tienen un timbre diferente y los espacios entre los trastes son más estrechos, lo que conviene al guitarrista solista. Toque las notas E, F y G en la 1.ª cuerda, luego en la 2.ª en 5.ª posición, y en la 3.ª cuerda en la 9.ª posición, y compare el timbre diferente de las notas en cada cuerda. Si quiere un timbre uniforme, deberá tratar de tocar las canciones completas alrededor de la misma posición. (Como ayuda, las posiciones 5.ª, 7.ª, 9.ª y 12.ª están indicadas con puntos en el borde del diapasón de muchas guitarras.)

COMO AVERIGUAR LAS NOTAS QUE ESTAN MAS ARRIBA EN EL DIAPASON

Vuelva a pensar en el modo en que afina la guitarra y verá que sabe ya algunas de las notas que están más arriba en el diapasón: la 2.ª cuerda en el 5.° traste da el mismo sonido que la 1.ª al aire (la nota E), la 3.ª cuerda en el 4.° traste da el mismo sonido que la 2.ª al aire (B), etc. Las notas del 12.° traste son otro punto de referencia: en todas las cuerdas, la nota del 12.° traste tiene el mismo nombre que la de la misma cuerda al aire, pero ocho notas (una «octava») más arriba. La nota de la 3.ª cuerda en el 12.° traste se llama «G» igual que la de la cuerda al aire, pero es un G más alto la misma nota que da la 1.ª cuerda en el 3.ᵉʳ traste.

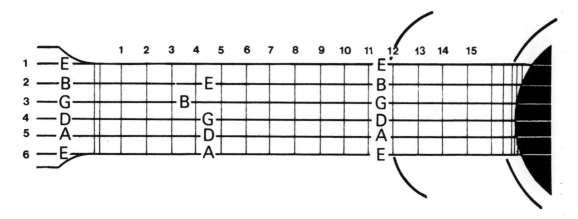

Utilice estas notas como referencia y podrá averiguar todas las otras notas subiendo o bajando un traste cada vez, siempre que recuerde dónde se producen los sostenidos o bemoles. (No hay sostenidos ni bemoles entre E y F, ni entre B y C, pero sí entre todas las otras notas.)

Trate de averiguar algunas notas en la guitarra por sí mismo y escriba sus nombres a lápiz sobre el dibujo. Compruébelas luego mirando a la página siguiente.

Lea la música de canciones y escalas y tóquelas en posiciones superiores para llegar a saber dónde se encuentra cada nota en la parte superior del diapasón. Normalmente es mejor elegir posiciones en las que pueda tocar la nota más alta con los dedos 3.° ó 4.° de la mano izquierda.

Todas las notas de la guitarra

Se indican aquí todas las notas que se tocan normalmente en la guitarra, de modo que puede utilizar este diagrama para buscar cualquier nota que no conozca. Observe que aquí se utiliza un pentagrama distinto para cada cuerda. Encuentre las notas que no conoce en uno de los pentagramas y mire la columna de la cuerda del diagrama de la guitarra para ver en dónde se toca la nota.

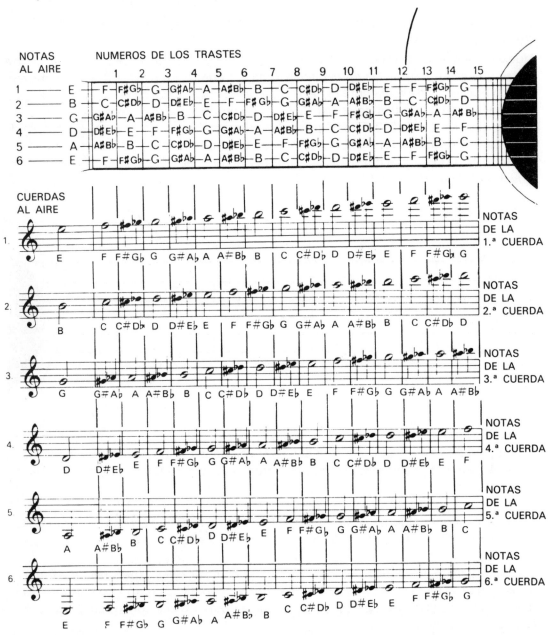

Acordes para cada tonalidad

En las páginas siguientes encontrará una buena selección de acordes para todas las tonalidades. No es esencial aprender todos esos acordes, pues puede buscarlos cuando los encuentre en una pieza musical escrita. Sin embargo, deberá practicarlos todos por un tiempo, asegurándose de poner la digitación correcta, para saber cómo tocarlos. Practique estos acordes importantes: A, A7, A° A+, B♭, B♭m, B♭7, Bm7, C7, D7, F7 y Fm.

En estas páginas se utilizan los siguientes signos y abreviaturas:

Alt.	Una forma de acorde alternativa. Algunos de estos acordes son más sencillos, más interesantes, o dan un mejor sonido.
° o dim.	Acordes disminuidos. (C° o C dim. es la abreviatura de C disminuido.) Cada acorde disminuido puede recibir el nombre de cualquiera de las cuatro notas diferentes que contiene: C° es tambien E♭°, A° y F♯°.
+ o aum.	Acordes aumentados. (A+ o A aum. es la abreviatura de A aumentado.) Cada acorde aumentado puede recibir el nombre de cualquiera de las tres notas diferentes que contiene A+ es también C♯+ y F♯+.
may. 7	Acorde Mayor 7.ª No debe confundirse con los normales «7» o «m7», pues se utilizan de modo diferente.
sus 4 7 sus 4	Acordes suspendidos. Puede escribir también «sus» ó «7sus».
C/D o C (D bajo)	Acordes como éste se encuentran a veces en la música escrita. El acorde ha de cambiarse para que tenga diferentes notas de bajo: C/D es un acorde de C con D como nota de bajo.
III, IV	Los números romanos indican el traste detrás del cual el dedo 1.° ha de colocarse si se tocan acordes por encima de la 1.ª posición: III = traste 3.°, IV = traste 4.°, etc.
×	La cuerda o cuerdas marcadas con «×» no deben sonar. El sonido suele poder amortiguarse tocándolas ligeramente con el dedo más cercano cuando se tocan acordes.
N	«Nombre» de la nota del acorde. Si está en las cuerdas 3.ª, 4.ª, 5.ª ó 6.ª es la nota principal de bajos para el acorde.
*	Los acordes marcados con un * pueden tocarse también en otras posiciones del diapasón, siempre que no se permita sonar a las cuerdas al aire. (Ver página 97.)

Los acordes tocados *con* cuerdas al aire se llaman «acordes al aire».
Los acordes tocados *sin* cuerdas al aire se llaman «acordes cerrados».

Se indican aquí los nombres sostenidos y bemoles de los acordes, aunque rara vez se utilizan nombres como «A sostenido», «D bemol», «D sostenido» y «G bemol».

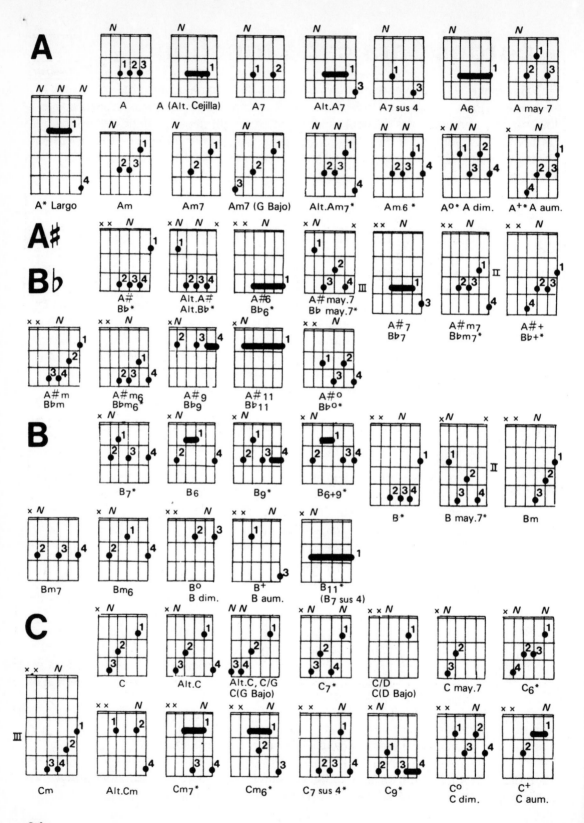

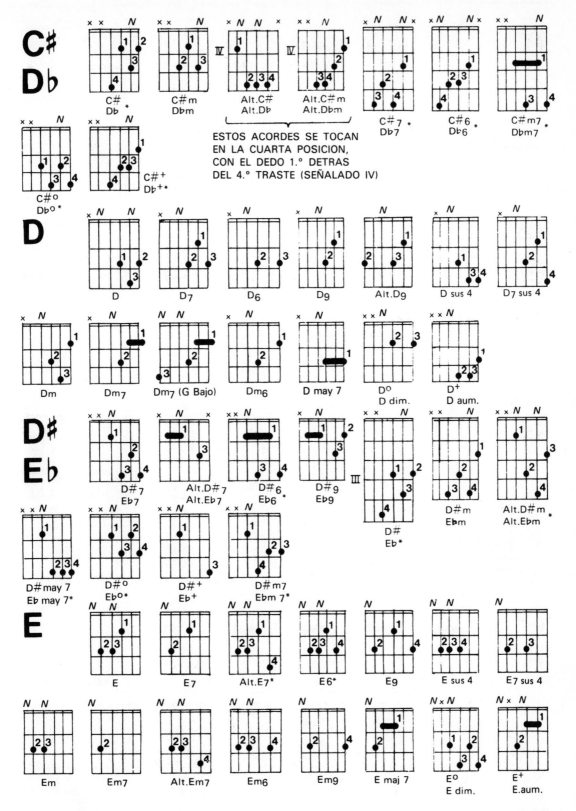

ESTOS ACORDES SE TOCAN
EN LA CUARTA POSICION,
CON EL DEDO 1.º DETRAS
DEL 4.º TRASTE (SEÑALADO IV)

F

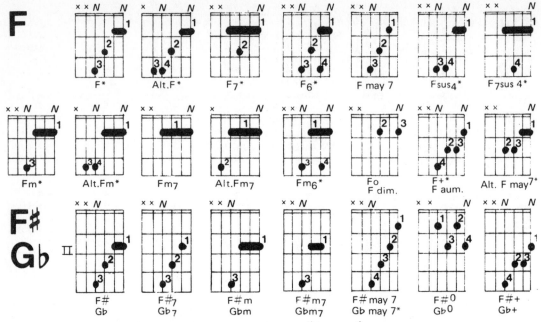

F* Alt.F* F₇* F₆* F may 7 Fsus4* F₇sus 4*

Fm* Alt.Fm* Fm₇ Alt.Fm₇ Fm₆* Fo F dim. F+* F aum. Alt. F may7*

F# Gb

F#/Gb F#₇/Gb₇ F#m/Gbm F#m₇/Gbm₇ F# may 7/Gb may 7* F#⁰/Gb⁰ F#+/Gb+

PARA ESTOS OTROS ACORDES: F#6 F#sus4 F#7sus4 F#m6
Gb6 Gbsus4 Gb7sus4 Gbm6
TOQUE LOS ACORDES DE F APROPIADOS UN TRASTE MAS ARRIBA

G

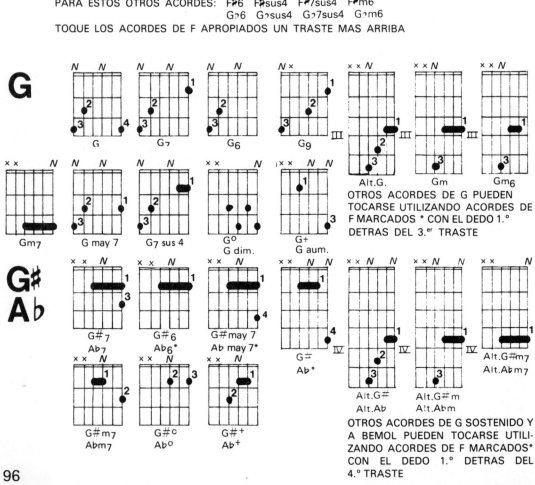

G G₇ G₆ G₉ Alt.G. Gm Gm₆

Gm₇ G may 7 G₇ sus 4 G⁰ G dim. G+ G aum.

OTROS ACORDES DE G PUEDEN TOCARSE UTILIZANDO ACORDES DE F MARCADOS * CON EL DEDO 1.° DETRAS DEL 3.ᵉʳ TRASTE

G# Ab

G#₇ Ab₇ G#₆ Ab₆* G# may 7 Ab may 7* G#* Ab* Alt.G# Alt.Ab Alt.G#m Alt.Abm Alt.G#m₇ Alt.Abm₇

G#m₇ Abm₇ G#⁰ Ab⁰ G#+ Ab+

OTROS ACORDES DE G SOSTENIDO Y A BEMOL PUEDEN TOCARSE UTILIZANDO ACORDES DE F MARCADOS* CON EL DEDO 1.° DETRAS DEL 4.° TRASTE

Acordes en la parte superior del diapasón

Todas las formas útiles de acordes marcadas con un * en las páginas anteriores pueden tocarse en diferentes posiciones para formar acordes para cualquier tonalidad, *en tanto en cuanto no se permita sonar las cuerdas al aire.* El acorde de F es una de las formas básicas de «acordes cerrados». Si se pasa a la 2.ª posición (con el dedo 1.º detrás del 2.º traste), deviene un acorde de F sostenido. En la 3.ª posición se hace un acorde de G, etc. Otros acordes de F, como F7, F6 y Fm funcionan del mismo modo; en la 2.ª posición son F sostenido 7, F sostenido 6 y F sostenido m; en la 3.ª posición se hacen G7, G6 y Gm, etc.

Aunque no es estrictamente un acorde cerrado, C7 puede utilizarse así si las cuerdas 1.ª y 6.ª se enmudecen tocándolas ligeramente con los dedos 1.º y 3.º Este acorde, muy útil, deviene C sostenido 7 en la segunda posición, D7 en la 3.ª, E bemol 7 en la cuarta, etc.

Puede conocer el nombre de cada acorde cerrado en las diferentes posiciones a partir de las notas con la marca *«N»* en los diagramas de acordes de las páginas anteriores. Por ejemplo, C7 recibe el nombre de las notas tocadas en las cuerdas 2.ª y 5.ª Trasladar la forma del acorde C7 a la tercera posición y las notas sobre estas cuerdas dan «D», y tendrá así un acorde D7.

Trate de averiguar los nombres de los acordes cerrados en las diferentes posiciones y tóquelos con canciones nuevas y con otras que ya conocía. (Si no está seguro de los nombres de las notas en los diferentes trastes, mírelos en el diagrama del diapasón de la página 92.) Son muy útiles las siguientes formas de acordes: F y Alt. F, Fm y Alt. Fm, B bemol, B bemol 7.ª, B bemol m, C7 y C sostenido. En unos cuantos trastes, estas formas darán los acordes para la mayor parte de las canciones en cualquier tonalidad. Trate la forma de F como un acorde de C, la forma de B bemol como un acorde de F, y la forma de C7 como un acorde de G7 para tocar un acompañamiento en la 8.ª posición.

Por regla general, es mejor no mezclar los acordes al aire con los cerrados, no mover mucho la mano izquierda a lo largo del cuello; es preferible elegir acordes que estén alrededor de la misma posición para lograr un sonido rítmico equilibrado.

ACORDES AMORTIGUADOS

Pueden lograrse diferentes efectos rítmicos relajando un poco la mano izquierda para «amortiguar» un acorde después de haberlo tocado. Pruebe este efecto con acordes cerrados y con los siguientes acordes abiertos: D, D menor, D menor 7.ª, A, A menor y E. Después de la «amortiguación», presionar las cuerdas antes de tocar de nuevo el acorde:

La cejilla

Es una técnica que permite obtener acordes completos de seis cuerdas para cada tonalidad. El 1.er dedo de la mano izquierda forma una «cejilla» a lo largo de las seis cuerdas detrás de un traste. Se añaden entonces otros dedos para formar un acorde completo. Haga un acorde de cejilla de este modo:

1. Ponga el 1.er dedo de la mano izquierda sobre las cuerdas detrás del 1.er traste.
2. Sitúe el pulgar en mitad del cuello detrás del 1.er traste.
3. Sitúe los otros dedos tal como se indica en el diagrama inferior.
4. Presionar el pulgar contra la parte posterior del cuello y tocar el acorde. El pulgar deberá presionar con la fuerza suficiente para conseguir un acorde de sonido claro, pero no con fuerza excesiva. Relaje la mano y vuelva a intentarlo.

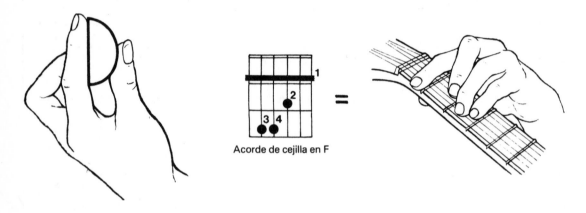

Acorde de cejilla en F

Practíquelo un poco todos los días con el 1.er dedo detrás de los diferentes trastes hasta que todas las notas de los acordes suenen claramente en todas las posiciones. No presione nunca con mayor dureza de la necesaria si no quiere cansar su mano. Si alguna de las cuerdas no suena claramente, compruebe que *todos* los dedos están correctamente colocados. La cejilla suele resultar difícil al principio, pero si tiene paciencia y practica con regularidad, logrará dominarla.

Cuando el 1.er dedo cubre sólo 3 ó 4 cuerdas, se denomina «semicejilla». Se utiliza en los solos para notas que están en cuerdas diferentes del mismo traste. También se emplea una semicejilla para tocar F menor y otros acordes.

En la música para guitarra, las cejillas se indican con la letra «C» seguida de un número romano que indica el traste en el que hay que ponerla: CIV significa una cejilla con el 1.er dedo detrás del 4.º traste.
Una semicejilla se indica ₵. ₵v = tocar una semicejilla con el 1.er dedo cubriendo 3 ó 4 cuerdas detrás del 5.º traste.
Si al signo de cejilla le sigue una línea, (CIII————,) la cejilla deberá mantenerse hasta el final de la línea.

La cejilla funciona como una cejilla mecánica móvil con la que pueden tocarse las formas de los acordes al aire, siempre que se altere la digitación de modo que el acorde se toque sin el 1.er dedo. El acorde de cejilla del diagrama anterior es en realidad una forma de acorde de E tocada con el 1.er dedo actuando como cejilla mecánica detrás del 1.er traste. Todos los acordes de cejilla se basan de modo similar en las formas de acordes abiertos. Pueden tocarse en todas las posiciones de trastes para formar acordes en cualquier tonalidad:

	BASADO EN LAS FORMAS DE ACORDE ABIERTO DE E			BASADO EN LAS FORMAS DE ACORDE ABIERTO EN A			BASADO EN EL ACORDE D7
	(1)	(2)	(3)	(4)	(5)	(6)	(7)
NOMBRE EN LA 1.ª POSICION	F	F$_7$	Fm	A#or Bb	A#$_7$ or Bb$_7$	A#mor Bbm	(5 CUERDAS) D#$_7$o Eb$_7$
2.ª POSICION	F#o Gb	F#$_7$o Gb$_7$	F#mo Gbm	B	B$_7$	Bm	E$_7$
3.ª POSICION	G	G$_7$	Gm	C	C$_7$	Cm	F$_7$
4.ª POSICION	G#o Ab	G#$_7$o Ab$_7$	G#mo Abm	C#o Db	C#$_7$o Db$_7$	C#mo Dbm	F#$_7$o Gb$_7$
5.ª POSICION	A	A$_7$	Am	D	D$_7$	Dm	G$_7$
6.ª POSICION	A#o Bb	A#$_7$o Bb$_7$	A#mo Bbm	D#o Eb	D#$_7$o Eb$_7$	D#mo Ebm	G#$_7$o Ab$_7$
7.ª POSICION	B	B$_7$	Bm	E	E$_7$	Em	A$_7$
8.ª POSICION	C	C$_7$	Cm	F	F$_7$	Fm	A#$_7$ o Bb$_7$
9.ª POSICION	C#o Db	C#$_7$o Db$_7$	C#mo Dbm	F#o Gb	F#$_7$o Gb$_7$	F#mo Gbm	B$_7$
10.ª POSICION	D	D$_7$	Dm	G	G$_7$	Gm	C$_7$

Pueden utilizarse estos siete acordes para tocar muchas canciones diferentes en cualquier tonalidad.

Normalmente es mejor tocar alrededor de la misma zona del diapasón. Si quiere tocar en E bemol (con el acorde número 4 en la 6.ª posición), elija las formas de cejilla que dan otros acordes alrededor de la misma posición: toque el acorde número 1 en la cuarta posición como acorde de A bemol, el acorde número 2 en la 6.ª posición como el acorde de B bemol 7.ª, etc. Trate de utilizar de este modo acordes de cejilla para las canciones que ya conoce. Para dar un descanso a su mano, mezcle de vez en cuando los acordes cerrados con los de cejilla.

Con formas de acordes abiertos de 5 ó 6 cuerdas, pueden hacerse otros acordes de cejilla. Las formas de los acordes E y A son las mejores, pero si tiene unos dedos largos podrá utilizar algunas formas de los acordes D, C y G. Los acordes en posiciones diferentes pueden sacarse a partir de las notas que están marcadas con «N» en los diagramas de acordes de esta página y de las páginas 94-96.

Aprenda a tocar música nueva

Ha llegado el momento en que debe ganar experiencia aprendiendo a tocar muchas piezas musicales diferentes. El modo más sencillo de aprender es comprar música impresa de las melodías que más le gustan, o pedirla prestada en una biblioteca. Busque «albumes» que contengan varias melodías, pues normalmente le serán de más utilidad que las partituras de una sola. Su tienda de música tendrá probablemente albumes con arreglos sencillos para guitarra, en los que encontrará melodías que le agrade tocar.

Empiece con piezas musicales breves y simples, preferiblemente aquellas que conozca bien y no sean demasiado rápidas. Evite la música con más de cuatro sostenidos o bemoles en la armadura de clave, pues le resultará más difícil de leer, y los acordes pueden no ser sencillos. Cuando haya aprendido a tocar algunas piezas «sencillas», pruebe otras que sean más largas o que estén en tonalidades diferentes con acordes también diferentes. Trate de aprender siempre algo nuevo en cada pieza musical.

Enfréntese a cada melodía por etapas sencillas. Aprenda una cosa cada vez; averigüe lo que tiene que hacer la mano izquierda antes de intentar nada complicado con la derecha.

Si está tocando la melodía o un solo de guitarra, compruebe los sostenidos o bemoles que hay en la armadura de clave, y recuerde que afectan a *todas* las notas del mismo nombre. Averigüe dónde están en la guitarra todas las notas antes de preocuparse por su duración. Añada variedad a su ejecución pulsando las cuerdas en lugares diferentes: más cerca del puente para un timbre más brillante, o encima de la boca para un timbre más dulce.

Si está tocando un acompañamiento, practique los cambios de acordes tocando cada acorde una vez solamente antes e intentar tocar el ritmo completo o el acompañamiento con punteado. (El acompañamiento deberá tener el mismo número de pulsos o tiempos que los signos del compás: $\frac{3}{4}$ = 3 tiempos, C ó $\frac{4}{4}$ = 4 tiempos, etc.) Cante o tararee la melodía mientras toca los acordes del acompañamiento.

Compruebe si se repite alguna parte de la música, pues podrá ahorrarle el problema de sacar algunas cosas más de una vez. (Vea «Cómo leer música escrita», de las páginas 102-103, para conocer los signos que indican que la música se repite.) Aprenda a tocar apropiadamente cada pieza musical antes de pasar a algo nuevo, pues en caso contrario puede acabar sabiendo cómo tocar partes de varias canciones sin poder tocar ninguna completa. Si cuando toca una pieza no ie suena bien, compruebe si está leyendo la música correctamente y siguiendo los signos de sostenido, bemol y becuadro. Asegúrese de que utiliza siempre la digitación correcta para los acordes y los cambia en el momento correcto.

Aprenda canciones nuevas

El método más sencillo de aprender canciones es con partituras que den la melodía, los acordes y la letra. Como siempre, es mejor aprender una cosa cada vez, de modo que debe aprender las nuevas canciones mediante etapas sencillas:

1. Toque la melodía, o su primera parte, y cante la canción para saber si está en la tonalidad adecuada para usted. Si es demasiado alta o baja, utilice una cejilla mecánica o cambie la música a otra tonalidad (ver página 106).

2. Repase todos los acordes para asegurarse de que los conoce bien, y practique cualquier cambio de acorde que sea nuevo para usted.

3. Toque las primeras notas como introducción. Luego cante la canción mientras toca el primer acorde de cada compás. Le ayudará a aprender a cantar la canción y entender su sentimiento.

4. Pruebe diferentes ritmos con los acordes hasta que encuentre el acompañamiento adecuado para la canción. (El decir en voz alta la letra de una canción suele dar una idea del ritmo que hay que utilizar.) Luego trate de tocar y cantar simultáneamente. La letra de una canción suele ser más fácil de recordar si la ha escrito antes usted mismo, en lugar de leer la letra impresa.

Haga unos acompañamientos simples de modo que pueda concentrarse en cantar en lugar de en tocar. Evite los cambios de acordes complicados o los esquemas difíciles de la mano derecha que puedan interrumpir la fluidez del texto de la canción o hacer que suene afectada. Incluso cuando esté acompañando a otro cantante, haga un acompañamiento mitigado que no sobresalga sobre la canción. El acompañamiento debe adecuarse siempre al sentimiento de una canción: utilice acompañamientos brillantes para canciones felices y suaves para las tranquilas. Las notas de bajos tocadas con rasgueado o un esquema de punteo simple suelen producir acompañamientos muy atractivos, particularmente si los espacios entre los textos se rellenan con notas extras o series de notas que hagan más interesante la canción. Utilice la nota «nombre» de cada acorde como la nota de bajo principal, y coja otra nota del acorde para que le sirva para las otras notas de bajos.

Elabore una introducción y final buenos para cada canción. Toque los primeros acordes o haga una «introducción» basada en la primera parte de la melodía. Para terminar, continúe el acompañamiento durante el número de tiempos indicado en la partitura, y ponga un final concreto. Escuche discos y fíjese en cómo empiezan y terminan las canciones otros músicos, y cómo rellenan los vacíos entre las palabras. Sin embargo, no debe copiar siempre el modo en que los demás cantan o tocan. Haga en ocasiones sus propias versiones, manteniendo el sentimiento de la música.

Cómo leer música escrita

La música de la mayor parte de «álbumes» y «partituras» es escrita, por lo que puede utilizarse para cantar y para tocar con muchos instrumentos musicales diferentes, por lo que necesita saber qué partes ha de leer para la guitarra. Los primeros compases de una hoja de música típica suelen tener esta apariencia, con la línea de la melodía indicada sobre la parte del piano u órgano:

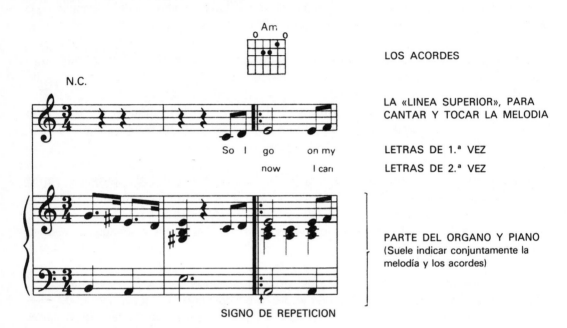

La «línea superior» le interesará más si es usted cantante o primera guitarra, pues pertenece a la melodía de la pieza. Debajo está la letra de la canción. Cada palabra se indica bajo las notas de la melodía con las que es cantada. La serie superior de palabras se canta en el primer verso, y cualquier otra serie se canta cuando se repite la tonada.

Los nombres de los acordes y las formas de acordes sugeridas suelen indicarse sobre la línea superior. Algunas formas de acorde pueden tener una pequeña «o» sobre una o varias cuerdas. Las cuerdas así marcadas han de sonar «al aire», *pero no deberá tocarse ninguna otra cuerda al aire.* Las formas de acordes proporcionadas en las hojas de música no dan siempre un sonido pleno, por lo que a menudo es mejor elegir otras formas de acordes que tengan el mismo nombre. «N.C.» significa que en esa parte no hay que tocar ningún acorde.

Si en un compás da la impresión de que hay demasiados cambios de acordes, trate de tocar el primer acorde de cada compás y deje los otros. Si con ese sistema no suena bien, trate de tocar los acordes pertenecientes a la duración entre los tiempos 1.° y 3.° Si tampoco así suena bien, tendrá que tocar todos los acordes para que el acompañamiento sea apropiado.

En las hojas de música se utilizan diversos signos si las partes de la música han de tocarse más de una vez. Asegúrese de que entiende cómo funcionan estos signos en cada pieza de música antes de empezar a tocar.

SIGNO DE REPETICION. Significa volver a un signo y repetir la música que hay en medio. Si no existe otro signo, hay que repetir desde el principio.

SIGNOS DE PRIMERA Y SEGUNDA VEZ. En la primera vez, la música incluye la parte indicada con ⌐1⌐. En la segunda vez, esta parte se deja y se reemplaza con la música señalada con ⌐2⌐.

D.C.   «D.C.» o «Da Capo» significa repetir desde el principio.

D.S. 𝄋
al ⊕´Coda   Esto significa volver al signo— 𝄋 —y repetir la música hasta llegar a «a la coda ⊕ », luego ir a la música señalada con «Coda ⊕».

El orden en que ha de tocarse la música suele ser obvio en las canciones por el modo en que está escrita la letra.

Algunas veces la melodía cambia ligeramente en los versos 2.º ó 3.º Estos cambios suelen indicarse con notas más pequeñas que las normales:

MELODIA DEL 2.º VERSO
(NOTAS PEQUEÑAS) ⟶

MELODIA DEL 1.er VERSO ⟶

(1) When   I'm   not   with   you
(2) now that   I'm   com—ing   home to   you

HAGA INTRODUCCIONES Y SOLOS DE GUITARRA A PARTIR DE LAS PARTES DEL PIANO

Muchos guitarristas no prestan atención a las partes para piano de las partituras, pero pueden resultar muy útiles e interesantes.

Muchas veces, las primeras notas de la parte del piano pueden utilizarse como introducción, sobre todo si dichas notas empiezan antes de las melodías, como en el ejemplo de la página opuesta. En algunas canciones, toda la parte para piano puede convertirse en solo de guitarra.

Para hacer esto, trate de tocar la línea superior de la parte para piano, añadiendo las notas de bajos que tocaría normalmente con esos acordes; o mejor aún, toque las notas de los mismos nombres que las notas de bajos indicadas en la línea inferior de la parte para piano si sabe cómo leerlas.

En *Cómo leer música,* libro de R. Evans publicado en esta colección, se explican otras palabras, signos y notas que puede encontrar en la música escrita.

Lea música para guitarra

La música que está arreglada para guitarra suele incluir signos que explican cómo debería tocarse la música. Veamos aquí los habituales:

 Los números que van delante de las notas se refieren a los dedos de la mano izquierda que han de tocar las notas. 1 = dedo 1.º, 2 = dedo 2.º; 3 = dedo 3.º; 4 = dedo 4.º, y 0 = cuerda al aire.
Las notas que están una encima de la otra se tocan como acorde.

②③etc. Los números encerrados en un círculo indican las cuerdas sobre las que se tocan las notas. (② = cuerda 2.ª). Si va seguida de una línea, ②———, todas las notas han de tocarse sobre esa cuerda hasta el final de la línea.

⑥—D Significa que la 6.ª cuerda ha de estar afinada con D. Ver página 122.

Dedos de la mano derecha que se usan para pulsar las notas:

p i m a — p = pulgar, i = índice (1.º), m = medio (2.º), a = anular (3.º). (Método español.)

T I M R — T = pulgar, I = índice (1.º), M = medio (2.º), R = anular (3.º). (Método inglés y de tablatura.)

⊓ ∨ — ⊓ = tocar la nota con un golpe hacia abajo (↓). ∨ = Golpe hacia arriba (↑) A veces se utiliza el signo ∨ para indicar «golpes apoyados».

C ¢ — C = cejilla, ¢ = semicejilla. Ver página 98.

II III IV — Los números romanos dan la posición del traste del primer dedo.
5.ª pos. — El 1.er dedo está situado detrás del 5.º traste, etc.

 Las letras «H» o «P», o líneas curvadas entre dos notas, indican ligado ascendente o descendente. Ver página 82.

Una línea recta entre las notas significa que se tocan deslizando un dedo hacia arriba o hacia abajo sobre la cuerda. Ver página 83.

har.12 — El armónico ha de tocarse en el traste indicado. Ver página 120.

Nota: La música para guitarra se escribe una «octava» más alta de lo que en realidad

suena: en música de guitarra es la misma nota que en música para otros instrumentos. Sin embargo, esto no afecta normalmente a la ejecución de guitarra, pues la música para la mayor parte de los instrumentos puede tocarse exactamente como está escrita.

Cómo leer tablatura

La tablatura es un modo alternativo de escribir música para guitarra. Se indica siempre con «TAB» o «T», para distinguirla de la música estándar. La tablatura utiliza seis líneas, una por cada cuerda de la guitarra:

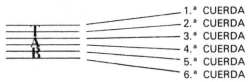

Los números situados sobre las líneas de las cuerdas indican los *TRASTES* en los que ha de tocarse cada cuerda: 1 = traste 1.º, 2 = traste 2.º, 0 = cuerda al aire, etc.

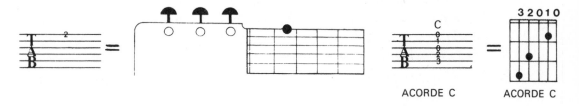

La tablatura es fácil de leer. Toque las cuerdas que tienen un número sobre ellas con los dedos de la mano izquierda detrás de los trastes indicados por los números.

1.ª CUERDA	2.ª CUERDA	3.ª CUERDA	4.ª CUERDA	2.ª CUERDA, *1.ᵉʳ TRASTE*
3.ᵉʳ TRASTE	*1.ᵉʳ TRASTE*	AL AIRE	*2.º TRASTE*	Y
				5.ª CUERDA AL AIRE

Por regla general, los esquemas de la mano derecha son similares a los que ya ha aprendido. Los dedos 1.º y 2.º suelen tocar las cuerdas 1.ª, 2.ª y 3.ª, y el pulgar de las notas de bajos sobre la 3.ª, 4.ª y 5.ª ó 6.ª

El método «T I M R» de la mano derecha (ver página anterior) también puede utilizarse:

Se indican aquí dos formas de tablatura. A la derecha, la longitud de cada nota se señala añadiendo un «rabo» al número: se indican aquí negras (♩) y corcheas (♪). Pueden añadirse también otros signos musicales, además de la «H» para el ligado ascendente, «P» para el descendente, «s» para las notas deslizadas, y «b» para las flexionadas. (Ver páginas 82 y 83).

Cambie la música a otras tonalidades (trasposición)

Con las notas y acordes que ha aprendido en este libro puede tocar en cualquier tonalidad. Sin embargo, algunas tonalidades son mejor que otras para determinadas voces y para ciertos estilos de tocar; y la música no se escribe siempre en esas tonalidades. Cuando encuentre piezas musicales demasiado agudas o graves para cantarlas, o en una tonalidad que no le conviene a su estilo de tocar, puede trasponerlas a otra tonalidad siguiendo el diagrama que le indicamos aquí. Se llama a esto «trasponer o trasportar» la música a otra tonalidad.

COMO TRASPONER ACORDES A OTRA TONALIDAD

1. Encontrar la tonalidad de la música. La tonalidad suele tener el mismo nombre que el acorde con el que termina la música. (En el ejemplo mostrado abajo, el último acorde es E bemol, y la tonalidad es en E bemol.) Como guía para saber la tonalidad, puede utilizar también la armadura de clave (ver página 74).

2. Encontrar la tonalidad en la columna izquierda del diagrama y poner debajo un lápiz que sirva como marcador.

3. Elegir una nueva tonalidad. (C o Am, G o Em dan siempre acordes abiertos.)

4. Encontrar el nombre del primer acorde de la música en la línea del diagrama marcada por el lápiz. Luego mirar la nueva tonalidad arriba o abajo de la columna, leer el nuevo nombre del acorde y escribirlo sobre el del acorde original. (En el ejemplo, el acorde de E bemol se convierte en acorde de C en la nueva tonalidad de C.) Busque los otros acordes del mismo modo.

Los acordes que son menores, séptimas, sextas, etc., en la tonalidad original, lo serán también en la nueva. (En el ejemplo, C *menor* se hace A *menor, F menor 7.ª* se hace *D menor 7.ª,* y B *bemol 7.ª* se hace G7.ª) Si la nueva tonalidad tampoco le conviene para tocar o cantar, deberá buscar otra.

UN EJEMPLO EN DOS TONALIDADES

1. Tonalidad original:

2. Nueva tonalidad: C

TONALIDAD	1		2		3	4		5		6		7
					NUMERO DE LA NOTA EN LA ESCALA MAYOR							
A♭ o Fm	A♭	A♮	B♭	B♮	C	D♭	D♮	E♭	E♮	F	♯G♭	G
A o F♯m	A	A♯ B♭	B	C♮	C♯	D	D♯ E♭	E	F♮	F♯	G♮	G♯
B♭ o Gm	B♭	B♮	C	C♯ D♭	D	E♭	E♮	F	F♯ G♭	G	G♯ A♭	A
C o Am	C	C♯ D♭	D	D♯ E♭	E	F	F♯ G♭	G	G♯ A♭	A	A♯ B♭	B
D o Bm	D	D♯ E♭	E	F♮	F♯	G	G♯ A♭	A	A♯ B♭	B	C♮	C♯
E♭ o Cm	E♭	E♮	F	F♯ G♭	G	A♭	A♮	B♭	B♮	C	C♯ D♭	D
E o C♯m	E	F♮	F♯	G♮	G♯	A	A♯ B♭	B	C♮	C♯	D♮	D♯
F o Dm	F	F♯ G♭	G	G♯ A♭	A	B♭	B♮	C	C♯ D♭	D	D♯ E♭	E
G o Em	G	G♯ A♭	A	A♯ B♭	B	C	C♯ D♭	D	D♯ E♭	E	F♮	F♯

PARA LOS ACORDES, NO TENER
EN CUENTA LOS BECUADROS (♮)

NO SE INDICAN LAS CLAVES QUE
NO SE UTILIZAN NORMALMENTE

TRASPOSICION DE MELODIAS

Esta trasposición es un poco más larga, pero merece la pena hacerla cuando la pieza musical es buena. Necesitará un papel impreso con las cinco líneas del pentagrama, o dibujar usted mismo las líneas en un papel normal.

1. Busque la tonalidad de la música (como se explicó para la trasposición de acordes) y ponga un lápiz en el diagrama como marcador. Elija entonces una tonalidad nueva.

2. Lea de una en una las notas de la música. Mire cada una de las notas de la línea del diagrama de la tonalidad original. Luego siga la columna hacia arriba o hacia abajo hasta la nueva tonalidad. Lea la nota y escríbala sobre el papel. Asegúrese de que la línea de la melodía es similar en ambas tonalidades: debe ir hacia arriba y hacia abajo en la nueva tonalidad, exactamente como lo hizo en la tonalidad original.

Las notas de las escalas de las tonalidades mayores van escritas en tipo más grande sobre el diagrama. Esas son las notas que encontrará más probablemente. (Recuerde que los signos de sostenido y bemol de las armaduras de clave afectan a todas las notas del mismo nombre.) Cualquier nota que pueda haber olvidado, mírela en la página 92.

Cualquier becuadro, o signo de sostenido o bemol que no estén en la armadura de clave, necesitan escribirse en el momento en que se produzcan. Mire estas notas en la tonalidad original y siga la columna hacia arriba o hacia abajo para encontrar los nombres de las notas en la nueva tonalidad.

Siga cuidadosamente estas instrucciones y trasponga el ejemplo indicado en el final de la página anterior antes de intentar su propia música.

Tocar de oído

Tocar de oído es más fácil de lo que puede pensar... si no trata de hacer música complicada demasiado pronto. Como siempre, el secreto estriba en aprender a hacerlo en etapas sencillas.

Empiece con una melodía que ya haya tocado, de modo que esté tocando en parte de memoria y en parte de oído. Debe ser una canción que conozca lo bastante bien para cantar o tararear, pero que no pueda tocarla sin leer la música. Cualquiera valdrá, siempre que sea breve y simple, sin sostenidos ni bemoles que la compliquen. (Pruebe con alguna de las canciones de este libro hasta la página 69, a menos que las recuerde completamente.)

Para empezar, lea y toque las primeras notas, y cante o tararee la canción completa varias veces hasta que esté completamente seguro de ella. Luego deje de leer la música. Ahora toque las primeras notas de nuevo y trate de encontrar la siguiente. Si la melodía sube, intente notas que sean más agudas; si baja, que sean más graves. Siga intentando notas diferentes (sin sostenidos ni bemoles) hasta que tenga la nota siguiente. Luego busque la nota que sigue, etc.

Si pierde la melodía, vuelva atrás y toque de nuevo desde el principio. (Puede ayudarle escribir cada nota cuando la encuentre.) En cuanto haya podido sacar dos o tres notas por sí mismo, estará empezando a tocar de oído. Cuando haya sacado una melodía, descubrirá que le es más fácil con las otras, siempre que elija canciones que conozca bien, de modo que pueda saber si está tocando las notas adecuadas.

También es posible sacar «de oído» los acordes de acompañamiento. Una vez más, es conveniente empezar con canciones que conozca lo bastante bien para poder cantarlas. Elija una canción breve cuyo primer acorde sea C.

Toque un acorde de C lentamente, de cuerda en cuerda. Luego cante la melodía que vaya a tono con el acorde. (Si le resulta algo difícil hacer esto, toque las primeras notas de la melodía como introducción.) Siga tocando el acorde y cantando la melodía hasta que el acorde no vaya bien con lo que está cantando. Luego pruebe otros acordes que piense que puedan ir bien. (Lo más probable es que sean G7 o F.)

Cuando haya encontrado el acorde adecuado, toque o cante de nuevo la melodía desde el principio, cambiando al nuevo acorde cuando convenga. Siga tocando y cantando con este nuevo acorde hasta que se halle en desacuerdo con lo que esté cantando. Entonces pruebe otros acordes que crea que puedan ir bien. (El tercer acorde de la melodía podría volver a ser el de C.) Luego siga sacando del mismo modo los demás acordes.

Saque el ritmo golpeando con el pie de modo uniforme mientras toca y canta: 1234 1234, etc. Si la canción va bien con él, podrá sacar un acompañamiento apropiado. Si no es así, pruebe con un ritmo de tres tiempos: 1 2 3 1 2 3. La mayor parte de las melodías entran en uno de estos dos esquemas. (Descubrirá que casi todos los cambios de acorde tienen lugar en el primer pulso de un ritmo —cuando cuente «1»—, aunque a veces se producen también en el pulso tercero.)

Si lo que ha sacado suena bien, probablemente será correcto; pero compruébelo mirando a la música escrita. Si tiene dificultad para recordar los cambios de acordes, escriba los nombres de éstos sobre las palabras de la canción.

Luego pruebe con una melodía *sencilla* que no haya tocado nunca, pero que conozca muy bien. (Podría servir «Jingle Bells» o «Cumpleaños feliz».)

Primero la melodía. Toque lentamente un acorde de C, una cuerda cada vez, y cante las primeras notas de la melodía de acuerdo con el acorde. Busque ahora en la guitarra la primera nota de la melodía. (Usualmente será una de las notas del acorde de C.) Busque luego la siguiente, y la nota posterior, etc. La música en la tonalidad de C no suele tener sostenidos ni bemoles, de modo que primero deberá buscar entre las «notas naturales». (En caso de que le haya sido difícil empezar, las primeras notas de «Jingle Bells» son E-E-E, E-E-E, E-G-C-D-E, empezando en la 1.ª cuerda. Las primeras notas de «Cumpleaños feliz» son G-G-A-G-C-B, empezando en la 3.ª cuerda.)

Cuando tenga ya la melodía, trate de sacar los acordes y ritmos tal como explicamos antes. Cuando lo haya hecho, compruebe los acordes que ha elegido mirando al final de la página siguiente.

Tras alguna experiencia en música y en tocar de oído, empezará a reconocer el acorde y los acordes de la melodía que se adecuan a la mayor parte de las canciones. Empiece a tocar de oído en «C», que es la tonalidad más sencilla. Los acordes más comunes en la tonalidad de C son los de C, F y G7; pero pueden darse otros como Am, Dm, D y Em, junto con otros acordes que no se esperaban. Si tiene dificultades para encontrar un acorde, saque las notas de la melodía en ese punto de la canción e intente acordes que contengan esas notas. Recuerde que las canciones en tonalidad de C terminan normalmente en un acorde de C.

Cuando haya sacado canciones en C, puede cambiarlas a otras tonalidades «trasportándolas» o tocando las notas de otro acorde para empezar; pero recuerde que otras tonalidades incluirán sostenidos y bemoles.

Si no es C la tonalidad adecuada para una canción particular, utilice una cejilla mecánica o trate de empezar en la tonalidad de G con un acorde de G. Si la canción tiene un sentimiento «menor», pruebe Am o Em como primer acorde.

Trate de tocar de oído todas las canciones que pueda, empezando con piezas simples y breves hasta que tenga experiencia. Sin embargo, no debe desanimarse si algo no parece funcionar; déjelo hasta el día siguiente, y pruebe de nuevo.

Ya se habrá dado cuenta de que tocar de oído consiste en tomar una melodía que pueda cantar (u oír mentalmente) y buscar las notas que le convienen. Podrá sacar muchas canciones siempre que pueda darse cuenta de si está tocando la nota correcta o una equivocada, y que tenga la paciencia de experimentar un poco para encontrar las notas o acordes correctos. Pero tocar de oído no es un sustituto de la música escrita. Muchos músicos utilizan los dos métodos para aprender nueva música, dependiendo de lo difícil que sea la pieza musical.

TOCAR PUNTEOS Y RASGUEOS DE OIDO

Pueden conseguirse acompañamientos de punteo y rasgueo para muchas melodías si ha sacado previamente los acordes y el ritmo. Elija esquemas que convengan a la música y tengan el mismo número de tiempos como ritmo. Toque la nota «nombre» de cada acorde como la nota de bajos principal, y añada notas extras y series ocasionalmente para cambiar los esquemas y evitar que suene de un modo rígido y mecánico. Hasta que tenga experiencia, es mejor tocar sobre todo acordes al aire con los acompañamientos de punteo y rasgueo.

Algunas piezas pueden hacerse en solos de guitarra, como las que se indican en este libro, tocando la melodía con punteo o rasgueo. Si considera que puede hacerlo con una melodía, busque los acordes y el acompañamiento de punteo o rasgueo en las tonalidades de C o G, Am o Em. Busque luego la melodía en las cuerdas 3.ª, 4.ª, 5.ª y 6.ª (para tocar con el pulgar), o en la 1.ª, 2.ª y 3.ª (para tocar con los otros dedos). Luego ponga la digitación de los acordes y trate de tocar la melodía con las notas de los acordes o añadiendo o quitando dedos en los distintos trastes. Si no le sale, pruebe con otra tonalidad (G en lugar de C)... ¡O con otra canción!

Si le sale la canción, toque la melodía muy lentamente con los acordes y trate de adecuarlos a los diferentes esquemas de punteo o rasgueado. Quizá tenga que alterar ligeramente el esquema o la melodía para mantener un ritmo estable. Luego acelere gradualmente.

Experimente con diferentes melodías en distintas tonalidades y escuche a otros guitarristas para aprender más sobre la forma de tocar melodías en estos estilos.

Los acordes de «Jingle Bells» son C-F-C-D7-G7, C-F-C-G7-C, con 4 tiempos como ritmo del compás.
Los acordes de «Cumpleaños feliz» son C-G7-C-F-G7-C, con un ritmo de 3 tiempos.

Sugerencias útiles y un consejo amigable

DIVIERTASE: TOQUE LA GUITARRA CON UN AMIGO...

Puede divertirse mucho con otro guitarrista o con un amigo que cante o toque otro instrumento.

Si tiene un amigo que toque la guitarra, piano u órgano, pídale que toque los acordes de una canción mientras usted hace la melodía. Cambien luego los papeles y toque usted el acompañamiento mientras su amigo toca la melodía. Si su amigo canta, o toca otro instrumento, déjele que cante o toque la melodía mientras usted hace el acompañamiento.

Si es posible, elijan canciones que ambos conozcan y lean la misma música. No es una buena idea intentar nada nuevo antes de haber tenido tiempo de practicarlo en solitario. Asegúrense de que ambos están afinados antes de empezar (ver página 27). Si tienen problemas para saber en qué tonalidad han de tocar, puede ayudarse de una cejilla mecánica (ver página 81) o cambiar la música a otra tonalidad, como se explicó en la página 106.

Cuente los tiempos antes de empezar, de modo que puedan empezar juntos al mismo tiempo. Para acompañar el canto, toque los primeros acordes o parte de la melodía como introducción para dar al cantante las notas iniciales.

Si toca acompañamientos o punteos con otro guitarrista, puede conseguirse un sonido lleno y claro si una guitarra toca sin cejilla y la otra con ella, con los acordes «traspuestos» a otra tonalidad. Por ejemplo, un guitarrista toca acordes de C (por ejemplo, C, F y G7) y el otro acordes en G (por ejemplo, G, C y D7) con una cejilla en el 5.º traste.

Si no conoce a nadie que cante o toque, un profesor, una sociedad de guitarra o en su tienda de música podrán recomendarle a alguien.

... O TOQUE CON UNA GRABACION DE USTED MISMO

Con un poco de práctica puede grabar sus propios acompañamientos a canciones en una «cassette» o magnetófono y tocar melodías con ellas siempre que lo desee. Coloque el micrófono cerca de la boca de la guitarra, pero no tan cerca que pueda golpearlo. Ponga en marcha el magnetófono y cuente unos cuantos pulsos extra al principio, de modo que sepa dónde empezar cuando rebobine la cinta. Toque un poco más lento de lo usual; tenga cuidado en no acelerar y toque el acompañamiento completo dos veces por lo menos. Rebobine luego la cinta y toque la melodía siguiendo el acompañamiento grabado.

También puede grabar punteos, rasgueados y otros estilos para saber si está tocando de modo uniforme y correcto.

TOQUE ACOMPAÑANDO GRABACIONES

Tocar con grabaciones puede servir muy bien de práctica, sobre todo para las guitarras rítmicas y solistas, que son las dos formas más probables si se toca en un grupo o banda. Sin embargo, no siempre es tan fácil como puede pensar hasta que haya aprendido los trucos; por tanto, empiece con melodías lentas y breves que conozca bien.

Para estar afinado con una grabación, quizá necesite ajustar *muy ligeramente* la afinación de su guitarra. Ponga la grabación y toque diversas notas hasta que pueda oír si su guitarra suena igual, más alta o más baja. Nunca debería necesitar muchos ajustes, a menos que la guitarra estuviese desafinada. Afínela si es necesario, luego toque pacientemente junto con la grabación tratando de adecuar los acordes o notas simples hasta que pueda tocar toda la canción. Si tiene muchas dificultades con una pieza, inténtelo con otra de la misma grabación. Quizá le sea útil comprar la partitura de una canción que le guste particularmente, pues suele estar escrita en la misma tonalidad que la grabación original. Si no está en la misma tonalidad, pruebe a tocar con una cejilla mecánica detrás de los diferentes trastes, o trasponga la música a otra tonalidad, como se explicaba en la página 106.

Si le gusta tocar la guitarra de jazz o solista, copie y practique alguno de los solos de su guitarra favorito y saque sus propios solos improvisados para tocar junto con los discos. Busque libros de jazz, «dance-band» o música de grupo que indiquen los solos y series, preferiblemente de canciones cuya grabación posea, de modo que pueda tocar con ella. Aprenda acordes nuevos en los libros de jazz o «dance-band».

¿NECESITA UNA GUITARRA NUEVA?

Probablemente *no necesitará realmente* una guitarra nueva a menos que la suya parezca ofrecer dificultades para tocar y esté limitando su ejecución, o no sea conveniente para la música que usted toca. Sin embargo, si desea un tipo diferente de guitarra o puede comprarse un instrumento más caro con mejor timbre, es aconsejable adquirir una antes de que los precios suban. Elija la nueva guitarra con mayor cuidado incluso del que puso en comprar la primera, pues le costará más y es probable que le dure muchos años. Siga todos los consejos dados en las páginas 12-15.

Antes de deshacerse de su antigua guitarra, ponga un nuevo juego de cuerdas y haga que la comprueben en una tienda de música con taller de reparaciones. El resultado de una pequeña reparación puede sorprenderle. Incluso si compra una guitarra nueva, la antigua puede serle útil para tocar otros tipos de música o para llevarla a lugares en donde no quiera correr riesgos con la nueva. En caso contrario, puede pensar en venderla o cambiarla por el nuevo instrumento.

LA COMPRA DE UN AMPLIFICADOR O GUITARRA «ELECTRICA»

Antes de comprar una guitarra «eléctrica» o un amplificador, intente hablar con un guitarrista experimentado, preferiblemente de un grupo o banda que toque el tipo de música que a usted le interesa.

Las partes más importantes de una guitarra eléctrica son las pastillas, que convierten las vibraciones de las cuerdas en señales eléctricas para el amplificador, y la «acción» que afecta a la facilidad y rapidez con que pueden tocar los dedos de la mano izquierda, sobre todo arriba del diapasón. Elija la guitarra con las mejores pastillas y la acción más rápida y sencilla a un precio que pueda pagar. Compare varias guitarras, incluyendo los instrumentos más caros, y tóquelas con el tipo de amplificador que pretende utilizar. Compruebe que todos los controles y conmutaciones funcionan apropiadamente sin producir ruidos en el amplificador. Asegúrese de que todas las pastillas dan un sonido equilibrado; cuando la guitarra se toca con amplificador, todas las cuerdas deben sonar con igual claridad y volumen.

Elija un amplificador que convenga a su tipo de música y a los lugares en que vaya a tocar. Si va a hacerlo a mucho volumen ante un público numeroso, necesita uno poderoso que pueda sostener bien la alta salida. Para una música tranquila y clubes más pequeños quizá baste uno menos poderoso, pero es mejor tener ligeramente más potencia de la que necesita para evitar sobrecargarlo. Busque una buena variación de timbre, del agudo brillante a un bajo dulce, de distorsión mínima y bajos niveles de «hiss» a alto volumen. No merece la pena gastar más dinero para efectos si no pretende utilizarlos. Elija marcas bien conocidas con una buena garantía y compre a quien pueda hacerle *rápidamente* cualquier reparación o servicio. No tenga prisa en decidirse, y obtenga la ayuda de un guitarrista experto, si es posible.

VENDER UNA GUITARRA

Si ha cuidado de su guitarra, podrá venderla a buen precio o cambiarla como entrada de otro instrumento. Antes de intentar venderla, límpiela bien y pase un trapo ligeramente humedecido por el diapasón. Ponga un nuevo juego de cuerdas unas dos semanas antes de venderla, para que suene bien pero sin desafinarse cuando alguien la toque. Acuérdese de afinar la guitarra antes de que alguien vaya a verla.

Ponga un anuncio en un tablón o un periódico si no tiene un amigo al que le guste o un profesor de guitarra que necesite un instrumento para otro alumno. Si va a comprar otra guitarra, en la tienda de música podrán darle una idea del precio que debe pedir por la antigua, o tomarla como parte del coste de la otra.

Tocar ante un público

Antes o después, alguien le pedirá que toque la guitarra para ellos, o usted mismo querrá compartir su música con otros. Los mismos consejos se aplican, tanto si toca ante cientos de personas como para su familia y amigos.

Afine siempre cuidadosamente la guitarra en otra habitación antes de tocar para nadie; si va a hacerlo en su propia casa, saque un rato antes la guitarra para que pueda adecuarse a la temperatura antes de afinarla. De ese modo es menos probable que se desafine mientras la toca. Sin embargo, no debe dejarla cerca de una ventana o radiador. Si no puede encontrar un lugar tranquilo para afinarla, ponga la oreja izquierda sobre el costado de la guitarra mientras la afina, pues de ese modo le resultará más fácil escucharla.

Elija piezas con las que se sienta confiado. No toque la pieza más complicada que sabe, ni la que ha aprendido más recientemente, pues es más fácil que cometa errores con éstas. Si va a tocar más de una pieza, elíjalas de ritmos, velocidades y tonalidades diferentes (o utilice una cejilla mecánica en distintos trastes), de modo que su música no suene igual. Mezcle melodías altas y suaves y deje las mejores y más dramáticas para el final.

Hágase buenos principios y finales para sus canciones, de modo que su ejecución resulte entretenida y parezca profesional. Trate de oír cada canción mentalmente antes de empezar, para conseguir la velocidad y sentimiento adecuados.

No anuncie *nunca* que «no puede tocar muy bien» ni que «probablemente cometerá errores o se olvidará de las letras», pues si habla así es muy probable que le suceda. Si comete un error, haga una broma o ignórelo, pues la mayor parte de las personas no lo notarán. No toque *nunca* con las manos frías, pues sus dedos pueden estar rígidos.

Si quiere tocar en público hay muchos lugares para hacerlo: conciertos de colegios y sociedades de guitarra, clubes nocturnos de talentos locales, clubes de folk y otros lugares cuyos anuncios encontrará en los periódicos locales o revistas de música. También puede preparar picnics o noches de música con sus amigos o familia.

Tocar ante un público, cuando se han vencido los nervios iniciales que todo el mundo tiene, es un buen medio de mejorar su ejecución, pues le da un incentivo para mejorar. Practique tocando ante un público mientras mira por una ventana e imagina que todo el mundo le está viendo y escuchando.

Viajar con la guitarra

Cuide especialmente de su guitarra siempre que la saque de casa. Llévela siempre dentro de la caja —incluso aunque sólo sea una pequeña distancia— y protéjala del sol o la lluvia. Si va a viajar con ella con frecuencia, sobre todo en transportes públicos, quizá deba comprar una caja «dura» y fuerte y asegurar la guitarra y la caja.

Si viaja en coche, deje la guitarra horizontal sobre su parte trasera, donde no pueda deslizarse hacia delante si el coche frena bruscamente. Por ese motivo, normalmente irá más segura en el portaequipajes que en el asiento trasero. La guitarra no debe estar en contacto con nada que pueda desafinarla o producir tensión en el cuello. No la deje nunca en un coche aparcado todo el día o la noche, pues puede dañarla el calor, el frío o la humedad.

En un autobús o tren, probablemente el lugar más seguro es horizontalmente en una bandeja de equipaje, siempre que pueda vigilarla y la recuerde cuando se baje. En caso contrario, manténgala erguida entre sus pies.

Si viaja en avión resulta casi esencial una caja dura, pues la mayor parte de las líneas aéreas no permiten entrar guitarras en la cabina. Ponga etiquetas de «frágil» en toda la caja y un poco de almohadillado suelto alrededor de la guitarra. Las líneas aéreas suelen cuidar bien las mercancías «frágiles»; sin embargo, puede que le hagan firmar un formulario diciendo que no se hacen responsables, por lo que es mejor que asegure la guitarra antes de viajar. Al final del vuelo, vaya rápidamente a recepción de equipajes y pregunte por dónde llegan las mercancías «frágiles».

Si va a otro país, lleve con usted la factura de compra, pues puede necesitarla en la Aduana.

Si va a cobrar dinero tocando en público en otro país, escriba a la embajada o consulado del mismo para saber si debe declarar la guitarra en su Aduana *o si debe pagar impuestos por ella como músico.* De ser así, quizá le resulte mejor alquilar allí una guitarra y amplificador.

Si asegura la guitarra, dé a la compañía de seguros la marca, modelo y números de serie, que se suelen encontrar en la cabeza o dentro del cuerpo de la guitarra. Asegúrela a todo riesgo, pues los precios suben cada año y le costaría reemplazarla más de lo que pagó por ella.

Cambiar las cuerdas de la guitarra

Ponga un juego nuevo de cuerdas cada dos o tres meses, incluso aunque no haya tocado mucho. Si toca mucho y quiere mantener un buen sonido, habrá de cambiarlas con más frecuencia. Las cuerdas viejas o gastadas dan un sonido amortiguado y son más difíciles de afinar, resulta más duro tocarlas e incluso pueden producir tensión en la guitarra.

Cambie siempre las cuerdas al primer signo de corrosión o desgaste. Reemplácelas todas si se rompe una, pues probablemente estarán gastadas. (Si sólo reemplaza una, tendrá un sonido más vivo que las otras y dará a todo el instrumento un sonido peculiar.) Sin embargo, si se rompen la 1.ª ó 2.ª de un juego bastante nuevo, puede cambiar sólo ésa sin problemas.

Compre las cuerdas adecuadas para su instrumento. Nunca debe poner cuerdas de acero en una guitarra hecha para cuerdas de nailon, pues el instrumento podría recibir un daño permanente. Tampoco las de nailon son convenientes para las guitarras de cuerdas de acero, pues producen un sonido pobre y pueden zumbar. Pida en su tienda de música, o a otro guitarrista, que le recomienden cuerdas de calidad, y pruebe marcas diferentes para encontrar las que le gustan. Lleve siempre un juego de repuesto en la caja de su guitarra. (Vea la página 119 en relación con los distintos tipos de cuerdas de acero.)

Limpie la cabeza y el diapasón con un paño ligeramente húmedo *antes* de poner cuerdas nuevas. Las partes difíciles pueden limpiarse cuando las cuerdas están quitadas, pero no las ponga de nuevo hasta que la superficie esté seca.

QUITAR LAS CUERDAS DE UNA EN UNA

Quite una cuerda cada vez y deje las otras afinadas, pues así le será más fácil volver a afinar. Es mejor empezar por la 6.ª cuerda.

Afloje la cuerda hasta que esté lo bastante suelta para sacarla de la clavija. Quítela luego del puente: en las guitarras de cuerdas de nailon y en algunas de las de acero el extremo suelto de la cuerda se empuja a través de su agujero en el puente o cola hasta que sale, o hasta que está lo bastante suelta para desatarla. En las guitarras con clavijas (ver dibujo de la página siguiente), quite suavemente éstas y quite luego la cuerda. No fuerce la clavija ni la cuerda; muévala un poco para soltarla.

(En los casos de extrema necesidad, envuelva un trapo alrededor de la clavija y cójala con unos alicates para moverla.)

Saque la 6.ª cuerda de su paquete y desenróllela. Encuentre el extremo más flexible o que tiene una «bolita». Las cuerdas con extremo de bolita se enhebran por el agujero de la parte trasera del puente o se encajan en la ranura de la pieza de cola, salvo en las guitarras con «clavijas».

Si su guitarra es de clavija, deberá meter la cuerda del modo siguiente:

1. Meta el extremo de la bolita por el agujero del puente.
2. Meta la clavija. La cuerda debe pasar por la ranura de la clavija, si ésta existe.
3. Presione hacia abajo la clavija y tire del extremo suelto de la cuerda.

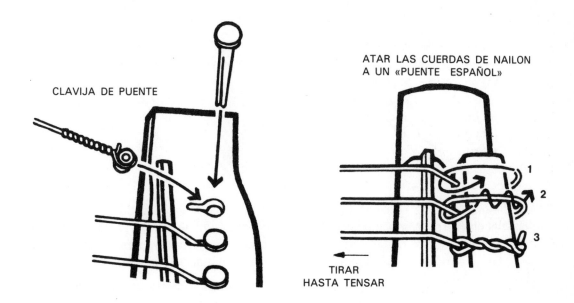

CLAVIJA DE PUENTE

ATAR LAS CUERDAS DE NAILON
A UN «PUENTE ESPAÑOL»

1
2
3

TIRAR
HASTA TENSAR

Las cuerdas de nailon sin extremos de bolitas se atan al puente de este modo:

1. Empujar el extremo flexible de la cuerda a través del agujero cercano al hueso del puente; volverla hacia el puente y hacer un lazo (como se ve en el dibujo).
2. Enredar dos veces los últimos 25 mm. alrededor del lazo.
3. Tirar del extremo suelto de la cuerda para tensar.

Cuando la cuerda está unida al puente o la pieza de cola, llevarla hasta el clavijero y enhebrarla por el agujero de su clavija. Mantener la cuerda, ir girando suavemente la clavija hasta que deje de estar floja. (Idealmente, cuando empiece, la cuerda debe estar lo bastante floja para dar dos o tres vueltas alrededor de la clavija antes de afinar, para impedir que se deslice.)

Pulse la 6.ª cuerda detrás del 5.º traste y ténsela suavemente hasta que esté afinada con la 5.ª al aire. Tire de ella por en medio con el pulgar hacia las otras cuerdas varias veces. Vuelva a afinar.

Reemplace y «estire» las otras cuerdas del mismo modo. Luego afine la 1.ª cuerda con su diapasón y compruebe de nuevo la afinación.

Asegúrese siempre de que todas las cuerdas están atadas a su clavijero correspondiente y dan la vuelta en la dirección correcta. En los clavijeros tipo español las cuerdas van dando la vuelta sobre la barra. En los clavijeros de otras guitarras, cada cuerda sube hasta la mitad y alrededor de la parte superior de su poste.

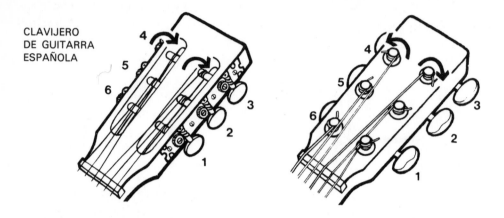

CLAVIJERO DE GUITARRA ESPAÑOLA

Puede evitarse que se deslicen las cuerdas 1.ª y 2.ª pasándolas dos veces por el agujero del clavijero. (Meta la cuerda por el agujero, dé una vuelta y vuelva a meterla.) Corte el extremo suelto de las cuerdas de acero con un cortaalambres, dejando unos 12 mm. De ese modo queda limpia la cabeza de la guitarra y se elimina una de las causas principales de ruidos.

Las cuerdas de nailon pueden dejarse más largas si se desea. De ese modo, si se rompe una, quizá quede lo suficiente para volver a ponerla, pero como solución muy temporal. Cuando las cuerdas son de nailon, será más fácil mantener la afinación si coloca primero las cuerdas 4.ª, 5.ª y 6.ª y las deja estirarse unos días antes de colocar las otras tres.

Las cuerdas nuevas siempre se desafinan cuando se ponen en una guitarra. Si puede, déjelas descansar una noche y afínelas de nuevo antes de tocar para otras personas. Si no lo hace así, quizá pase más tiempo afinando que tocando.

Guarde las cuerdas usadas, si no están muy viejas o gastadas, pues pueden servirle de repuesto. Lave las cuerdas de nailon en agua caliente y jabonosa y séquelas bien. Las de acero pueden hervirse en agua para limpiarlas. Cuando se hayan secado, enróllelas como si fueran nuevas. Identifique cada una de las cuerdas y métalas en los paquetes del juego nuevo. Guarde estas cuerdas en la caja de su guitarra para utilizarlas como repuesto temporal por si se le rompe una mientras está tocando, pues si en ese caso pusiera una nueva, se desafinaría continuamente.

Elija las cuerdas de acero de su guitarra

Las cuerdas de acero se fabrican con varios calibres para que convengan a los diversos estilos de tocar. Personalmente, para tocar guitarra acústica en general prefiero las cuerdas enrolladas en bronce, medias o ligeras, con la 3.ª enrollada; pero elija usted mismo con la ayuda que se le proporciona aquí, dependiendo del tipo de música y sonido que prefiera.

Calibre grande. Para tocar ritmos fuertes. Son sólo convenientes para guitarras y dedos muy fuertes.

Calibre medio. Cuerdas que dan un buen sonido dulce y que permiten el punteado con dedos o con púa.

Calibre ligero. Buenas para el punteado con dedos, o tocar con púa ligera blues, etc. Son bastante rápidas para ejecutar solos de guitarra primera, y dan unos acordes de sonido brillante. Sin embargo, no dan tanto sonido de «bajo» como las de calibre medio, y quizá no duren tanto.

Calibre extraligero. Por regla general, son demasiado ligeras para la mayor parte de las guitarras acústicas, y pueden zumbar. Son buenas para tocar solos con guitarra eléctrica y para notas «flexionadas».

Calibre ultraligero. Para guitarras eléctricas solistas muy rápidas, estas cuerdas permiten sostener las nota mucho tiempo y facilitan bastante la «flexión». Son demasiado ligeras, sin embargo, para la mayor parte de las guitarras.

¡IMPORTANTE! Para tocar en general, utilice una 3.ª con envoltura. Las que no van envueltas pueden producir sonidos extraños en los acordes, y normalmente sólo se utilizan para solistas especiales y efectos de blues.

Se recomiendan las cuerdas de acero con ENVOLTURA DE BRONCE para conseguir un buen sonido acústico, pero no son muy convenientes para las guitarras eléctricas.

Las cuerdas de ENVOLTURA APLANADA sólo sirven para las guitarras «eléctricas». Producen un sonido uniforme y rápido y permiten que los dedos se deslicen silenciosamente por ellas. Pero resultan más pesadas que las de envoltura normal y no son buenas para notas muy sostenidas ni efectos de «feed-back» controlado.

Cómo tocar armónicos

Los «armónicos» o «timbres de campana» son notas altas utilizadas para efectos especiales o como ayuda para la afinación. Pueden tocarse en diversos lugares en todas las cuerdas, pero los armónicos más claros y útiles son los que se encuentran directamente sobre los trastes 12.º, 7.º y 5.º

Los armónicos más sencillos de tocar se encuentran sobre el traste 12.º:

1. Deje descansar ligeramente el 2.º dedo de la mano izquierda en la 6.ª cuerda, directamente sobre el 12.º traste. El dedo debe tocar la cuerda, pero sin presionarla.

EL 2.º DEDO DESCANSA LIGERAMENTE ENCIMA DE UNA CUERDA, DIRECTAMENTE SOBRE EL 12.º TRASTE

2. Pulse con firmeza la 6.ª cuerda y quite el dedo de la mano izquierda. Sonará una nota clara semejante a una campanada.

Practique los armónicos en todas las cuerdas sobre el 12.º traste. Cuando pueda conseguir allí notas de campanada claras, trate de hacerlo del mismo modo en los trastes 7.º y 5.º No dan un sonido tan fuerte, pero podrá tocarlos con un poco de práctica.

Puede ejecutarse partes de algunas melodías con los armónicos de los trastes 12.º, 7.º y 5.º mezclados, o sobre uno de los trastes cada vez. Intente un «toque de corneta» con los armónicos sobre el 12.º traste tocando las cuerdas en este orden: 4 3 3 2 3 4, 4 3 3 2 3.

Pueden tocarse acordes de armónicos descansando ligeramente el dedo 1.º sobre varias de las cuerdas, como en una cejilla o semicejilla:
Los armónicos de las cuerdas 1.ª, 2.ª y 3.ª hacen un acorde de E menor sobre los trastes 12.º y 5.º, y de B menor sobre el 7.º
Los armónicos de las cuerdas 1.ª, 2.ª, 3.ª y 4.ª hacen un acorde de G6.ª en los trastes 12.º y 5.º, y de D6.ª sobre el 7.º
Pueden utilizarse estos acordes para terminar canciones. Intente G6.ª sobre el traste 12.º, D6.ª sobre el 7.º, luego G6.ª sobre el 5.º, y termine en G.

ARMONICOS: SUS POSICIONES Y NOMBRES DE LAS NOTAS

(LA LINEA DE PUNTOS UNE NOTAS QUE SON LAS MISMAS)

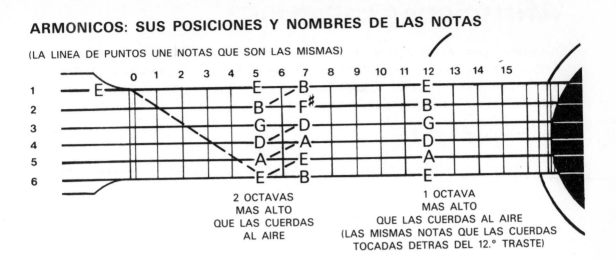

2 OCTAVAS
MAS ALTO
QUE LAS CUERDAS
AL AIRE

1 OCTAVA
MAS ALTO
QUE LAS CUERDAS AL AIRE
(LAS MISMAS NOTAS QUE LAS CUERDAS
TOCADAS DETRAS DEL 12.° TRASTE)

Cómo afinar con armónicos

Cuando haya aprendido a tocar armónicos claros de sonido largo, podrá utilizarlos para afinar la guitarra con gran precisión, incluso en situaciones comparativamente ruidosas. Son muy útiles los siguientes métodos de afinación:

1. Afine la 1.ª cuerda con un diapasón de horquilla o con otro instrumento.
2. Toque el armónico de la 2.ª cuerda en el 12.° traste y compárelo con la nota normalmente trasteada de la 1.ª cuerda detrás del 7.° traste; o compare el armónico del 5.° traste de la 2.ª cuerda con el armónico del 7.° traste de la 1.ª cuerda. Ajuste la cuerda 2.ª hasta que ambas notas suenen igual.
3. Compare el armónico del 12.° traste de la 3.ª cuerda con la nota de la 1.ª cuerda detrás del traste 3.°, y ajuste la 3.ª cuerda.
4. Compare el armónico del 12.° traste de la 4.ª cuerda con la nota de la 2.ª cuerda detrás del traste 3.°, y ajuste la 4.ª cuerda.
5. Compare el armónico del 12.° traste de la 5.ª cuerda con la nota de la 3.ª cuerda detrás del 2.° traste; o (mejor aún) compare el armónico del 5.° traste de la 5.ª cuerda con el armónico del 7.° traste de la 4.ª cuerda; o compare el armónico del 7.° traste de la 5.ª cuerda con la 1.ª cuerda al aire, y ajuste la 5.ª cuerda.
6. Compare el armónico del 12.° traste de la 6.ª cuerda con la nota de la 4.ª cuerda detrás del traste 2.°; o compare el armónico del 5.° traste de la 6.ª cuerda con el armónico del 7.° traste de la 5.ª cuerda; o compare el armónico del 5.° traste de la 6.ª cuerda con la 1.ª cuerda al aire. Ajuste la 6.ª cuerda hasta que ambas notas suenen igual.

Deje que suenen los armónicos mientras está ajustando las cuerdas, pues podrá oírlos mientras mueve la cuerda para afinarla. En los lugares ruidosos, apoye la oreja derecha contra el costado de la guitarra y podrá oír mejor. Pruebe todos estos métodos y elija el que más le convenga.

Afinaciones «al aire»

A veces la guitarra se afina de modo diferente cuando se puntea o tocan blues. La mayor parte de estas afinaciones diferentes son afinaciones «al aire» en las que suena un acorde completo cuando se tocan las cuerdas «al aire». Estas afinaciones permiten tocar melodías y solos acompañados por las cuerdas «al aire».

AFINACION AL AIRE EN G
Las cuerdas 2.ª, 3.ª y 4.ª están igual que con la afinación normal.
1. Afine la 1.ª cuerda al aire igual que la 2.ª cuerda en el traste 3.º; o afínela con el armónico del 12.º traste de la 4.ª cuerda, para dar la nota D.
2. Presione la 6.ª cuerda detrás del traste 7.º, y afínela con la 5.ª cuerda al aire; o afine el armónico del 12.º traste de la cuerda 6.ª con la cuerda 4.ª al aire, dando la nota D.
3. Presione la 5.ª cuerda detrás del 7.º traste, y afínela con la 4.ª cuerda al aire; o afínela con el armónico del traste 12.º en la 5.ª cuerda, con la 3.ª cuerda al aire, para dar la nota G.

AFINACION AL AIRE EN D
Las cuerdas 4.ª y 5.ª permanecen igual.
1. Afine la 1.ª cuerda al aire con D, como se explicó en la afinación al aire en G.
2. Afine la 2.ª cuerda al aire con la 3.ª cuerda en el 2.º traste; o afínela con el armónico del 12.º traste en la cuerda 5.ª, dando la nota A.
3. Afine la 3.ª cuerda con la 4.ª cuerda en el 4.º traste, dando F sostenido.
4. Afine la 6.ª cuerda al aire con D tal como se explicó en la afinación al aire en G.

Con las afinaciones al aire no sirven las formas normales de los acordes:
En la afinación al aire en G, una cejilla del dedo 1.º encima de todas las cuerdas de un acorde de C en el traste 5.º, un acorde de D en el 7.º, etc.
En la afinación al aire en D, una cejilla del dedo 1.º sobre todas las cuerdas da un acorde de G en el 5.º traste, un acorde de A en el 7.º, etc.
Indicamos aquí algunas otras formas de acordes:

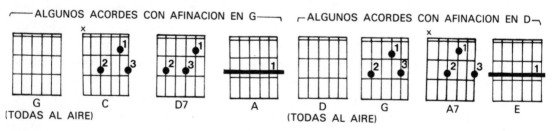

┌─ALGUNOS ACORDES CON AFINACION EN G─┐ ┌─ALGUNOS ACORDES CON AFINACION EN D─┐

G (TODAS AL AIRE)   C   D7   A   D (TODAS AL AIRE)   G   A7   E

Cuando haya terminado de tocar, vuelva a afinar su guitarra hacia arriba y hacia abajo desde la 4.ª cuerda (que no cambia en ninguna de las afinaciones).

¡ADVERTENCIA! Evite las afinaciones que *eleven* el volumen de las cuerdas, pues podría dañarse su guitarra. Utilice la afinación al aire en D en lugar de la afinación al aire en E.

La página de los problemas

La mayor parte de los problemas que se producen con las guitarras son menores y pueden arreglarse fácilmente, de modo que antes de preocuparse creyendo que algo se ha estropeado gravemente, mire si puede encontrar remedio aquí. Si no es capaz de solucionar el problema, o si le está resultando difícil tocar con su guitarra, pida el consejo de un guitarrista experimentado, de un reparador de guitarras, o de una tienda de música.

RUIDOS DE ZUMBIDOS Y VIBRACIONES

1. Si su guitarra vibra, mire si hay algo dentro y dele la vuelta para que caiga por la boca.
2. Si zumba, compruebe que no haya un extremo suelto de una cuerda que vibre en contacto con las clavijas, y de paso haga un lazo con cualquier extremo suelto.
3. Si alguna de las cuerdas con envoltura zumba o da un sonido apagado, puede tener rota la envoltura, en cuyo caso deberá reemplazar todas las cuerdas.
4. Si zumban la mayor parte de las cuerdas, la guitarra debe estar afinada muy baja o las cuerdas ser ligeramente más pesadas de lo conveniente. También puede suceder que el puente esté demasiado bajo. Si es ajustable, gire un poco los tornillos para elevarlo ligeramente. Nunca afine más alta una guitarra para eliminar un zumbido de cuerdas, pues podría dañarla gravemente.

SI LAS CUERDAS SE ROMPEN CON FRECUENCIA

1. Compruebe si no está tocando con demasiada fuerza o ha afinado muy alta la guitarra. (Compruebe la afinación con un diapasón de tubo u horquilla.)
2. Si siempre se rompe la misma cuerda, quizá exista un borde cortante en la caja, el clavijero, los trastes o el puente; llévela a un taller de reparación.

PROBLEMAS PARA AFINAR O MANTENER LA AFINACION

1. Si la guitarra se desafina cuando está tocando, quizá se deba a que usted toca demasiado fuerte, o afina y toca antes de que la guitarra se haya adecuado a la temperatura de la habitación, o las cuerdas nuevas quizá precisen «estirarse» (vea la página 117).
2. Si la guitarra está afinada en los trastes más bajos, pero parece desafinada cuando se toca más arriba del cuello, el puente puede estar en una posición equivocada. Compruébelo midiendo desde la ceja hasta el 12.º traste. Esta distancia debe ser la misma que entre el 12.º traste y el hueso del puente. Si el puente es móvil, póngalo en la posición correcta.

   Si la guitarra se desafina al poner una cejilla mecánica, compruebe si la ha situado paralelamente con los trastes. En un diapasón curvo, utilice una cejilla mecánica curva.

Los problemas de afinación o los zumbidos pueden estar producidos también por trastes elevados o muy desgastados, o por un cuello deformado o torcido; todos éstos son problemas para un taller de reparación.

Cualquier problema eléctrico con un amplificador o guitarra «eléctrica» es mejor tratarlo con el vendedor que lo suministró o con un especialista en amplificadores.

¿Es usted zurdo?

Muchos zurdos no tienen problemas para aprender a tocar la guitarra del modo usual. De hecho, a menudo aprenden con mayor rapidez, pues la mano izquierda hace el trabajo más difícil en la primera parte del aprendizaje de la guitarra. Sin embargo, la guitarra normal no resulta conveniente para todos los zurdos, por lo que antes de comprar una es mejor que averigüe si puede tocar con el instrumento habitual o necesita uno especial para zurdos.

Si es posible, pídale una prestada a un amigo o alquile una, varias semanas.
Coja la guitarra y empiece a tocar como se explicó en las páginas 17 a 26. Si siente que es algo *completamente* erróneo e innatural, dé la vuelta a la guitarra y trate de tocar del otro modo. Si así le resulta *mucho* más fácil, busque una guitarra para zurdos o que pueda convertirse fácilmente, de modo que sea capaz de tocar con la mano izquierda. Si no encuentra ninguna diferencia real entre tocar con una u otra mano, aprenda a tocar del modo usual y evitará la necesidad de una guitarra especial.

Si decide tocar una guitarra para zurdos, puede aprender a tocarla con este u otros libros utilizando la mano derecha donde el libro diga «izquierda», y viceversa. No necesita cambiar nada de la música, pero los diagramas y dibujos no le sirven, pues las cuerdas estarán colocadas al revés. Copie cada diagrama o dibujo y dele la vuelta para ver cómo sería para usted. Ponga sus copias en un libro para que pueda consultarlas. Como ayuda para el principio, le indico las primeras notas y acordes.
Buena suerte.

ALGUNAS NOTAS EN LAS GUITARRAS DE ZURDOS

124